DIE GRÖSSTEN FLUGZEUG KATASTROPHEN

MIKE SHARPE
DIE GRÖSSTEN FLUGZEUG KATASTROPHEN

GONDROM

© der deutschsprachigen Ausgabe: Gondrom Verlag GmbH, Bindlach 1998
© der englischsprachigen Originalausgabe: Brown Partworks Limited 1998

First published in 1998 by Brown Partworks Limited

Alle Rechte vorbehalten
Kein Teil dieses Werkes darf ohne schriftliche Einwilligung des Verlages in irgendeiner Form (Fotokopie, Mikrofilm oder ein anderes technisches Verfahren) reproduziert oder unter Verwendung elektronischer Systeme verarbeitet, vervielfältigt oder verbreitet werden.

Herstellung der deutschen Ausgabe:
Verlagsbüro Michael Holtmann, Bayreuth

Übersetzung ins Deutsche: Michael Holtmann, Matthias Mayer, Markus Reim

ISBN 3-8112-1670-80

Seite 1: Das Wrack der BOAC Boeing 707, die am 5. März 1966 gegen den Fuji in Japan raste. Alle 124 Menschen an Bord kamen ums Leben.

Seiten 2–3: Mitglieder der US Coast Guard und des FBI beobachten, wie Wrackteile einer TWA Boeing 747 aus dem Meer vor Long Island, New York, gehoben werden. Die 747 explodirte in der Luft. Alle Menschen an Bord starben.

Unten rechts: Vor dem walisischen Dorf Sigginston, wo eine Tudor V Aircraft am 13. März 1950 abstürzte und eine Gruppe von Fans des walisischen Rugby-Teams in den Tod riß.

Bildnachweise:

1, Getty Images; **2-3**, Rex Features; **5**, Popperfoto; **6**, Corbis-Bettmann/UPI; **7 o**, Popperfoto/Reuters; **7 u**, Popperfoto/Duncan Pettenden/Reuters; **8**, Corbis-Bettmann/UPI; **9 o**, Popperfoto/AFP; **9 u**, Getty Images; **11**, Popperfoto/Antony Njuguna/Reuters; **12**, Hugh W Cowin; **13**, Hugh W Cowin; **14**, Hugh W Cowin; **15**, Hugh W Cowin; **16 o**, Popperfoto, **16 u**, Popperfoto; **17**, TRH/J Widdowson; **18**, TRH/Boeing; **19 o**, Popperfoto; **19 u**, Popperfoto; **20**, Hugh W Cowin; **21 o**, TRH Pictures; **21 u**, TRH/DOD/Hughes; **22**, Rex Features; **23 o**, Popperfoto; **23 u**, Rex Features; **24**, Popperfoto; **25**, Popperfoto; **26 o**, Popperfoto; **26 M**, Popperfoto; **26 u**, Popperfoto; **27**, Popperfoto/AFP; **29**, Popperfoto; **30**, Popperfoto; **31 o** Getty Images; **31 u**, Corbis-Bettmann/UPI; **32**, Getty Images; **33**, Getty Images; **34**, Getty Images; **35**, Jose F. Poblete/Corbis; **36 o**, Associated Press; **36 u**, Associated Press; **37**, Tony Stone Images; **38**, Corbis-Bettmann/UPI; **39**, TRH Pictures; **40**, Popperfoto; **41** Hugh W Cowin; **42**, Corbis-Bettmann/UPI; **43**, Popperfoto, **45**, Popperfoto; **46**, Corbis Bettmann/Ryall; **47 o**, TRH/Rockwell Int.; **47 u**, Popperfoto; **48**, David Muench/Corbis; **49 o**, Associated Press; **49 u**, Associated Press; **50**, Popperfoto; **51 o**, Popperfoto; **51 u**, Popperfoto; **52**, TRH/Boeing; **53**, Rex Features; **54 o**, Rex Features; **54 u**, Corbis-Bettmann/UPI; **55**, Popperfoto; **56**, Rex Features/Sipa Press; **57**, Popperfoto; **58 o**, Popperfoto; **58 u**, Popperfoto; **59**, Popperfoto; **61**, Rex Features/Sipa Press; **62**, Popperfoto; **63 o**, Popperfoto; **63 u**, Getty Images; **64**, TRH Pictures; **65 o**, TRH/USN; **65 u**, Popperfoto; **66**, TRH Pictures; **67 o**, Popperfoto; **67 u**, Popperfoto; **68**, Robert Hunt Picture Library; **69**, Corbis-Bettmann/UPI; **70**, Corbis-Bettmann/UPI; **71**, TRH/E Nevill; **72 o**, Corbis-Bettmann/UPI; **72 u**, Corbis-Bettmann/UPI; **73**, Rex Features/Sipa Press; **75**, Rex Features; **76**, TRH Pictures; **77 o**, TRH Pictures; **77 u**, TRH Pictures; **77 u**, Popperfoto; **78**, Getty Images; **79**, TRH Pictures; **80**, Popperfoto; **81**, Getty Images; **82 o**, Getty Images; **82 u**, Corbis-Bettmann/UPI; **83**, Corbis-Bettmann/UPI; **84 o**, Corbis-Bettmann/UPI; **84b**, Corbis-Bettmann/UPI; **85**, Popperfoto; **86**, Popperfoto; **87 o**, Getty Images; **87 u**, Popperfoto; **88**, Popperfoto; **89**, Popperfoto; **90**, Popperfoto; **91**, Hugh W Cowin; **92**, Corbis-Bettmann/Reuters; **93**, Rex Features; **94 o**, TRH Pictures; **94 u**, Popperfoto; **95**, Popperfoto.

INHALT

Einleitung 6

Kapitel 1
Gezielte Gewaltanwendung 10

Kapitel 2
Menschliches Versagen 28

Kapitel 3
Kollisionen 44

Kapitel 4
Wetter 60

Kapitel 5
Technisches Versagen 74

Register 96

EINLEITUNG

Dieses Buch versucht, einen Überblick über die zahlreichen Faktoren zu geben, die seit Beginn der zivilen Luftfahrt in den dreißiger Jahren dieses Jahrhunderts Ursache verheerender Flugzeugunglücke waren. Wie lange oder wie eingehend sich jede Analyse gestaltet, steht in keinem Zusammenhang mit der Tragweite des jeweiligen Unglücks – jeder Unglücksfall mit Todesopfern birgt eine menschliche Tragödie.

Wenn sich dieses Buch auf Katastrophen in den USA und Europa konzentriert, liegt dies lediglich daran, daß der größte Teil des weltweiten Luftverkehrs von diesen beiden Regionen ausgeht.

Der Leser mag die Einordnung einiger Katastrophen in diesem Buch in Frage stellen. War beispielsweise ein heftiger Sturm für den Absturz des Luftschiffs R101 verantwortlich, oder war es von vornherein flanguntüchtig? Es ließe sich auch argumentieren, daß bestimmte Einträge in den Kapiteln über Kollisionen in der Luft bzw. am Boden auch ohne weiteres menschlichem Versagen zuzuschreiben gewesen wären.

Die für dieses Buch unternommenen Nachforschungen bestätigen die allgemeine Überzeugung, daß die Luftfahrt bei weitem das sicherste Verkehrsmittel darstellt, das der Welt heute zur Verfügung steht. Mit drei Ausnahmen betrafen alle der hier untersuchten Unglücke Passagierflugzeuge, doch sind diese Unfälle verglichen mit den ohne Zwischenfall zurückgelegten Hunderten Millionen von Kilometern bei einem Untersuchungszeitraum von 70 Jahren statistisch ohne Bedeutung.

Rechts: Rettungsmannschaften durchsuchen die Überreste des Rumpfs der türkischen DC-10, die am 3. März 1974 in einem Wald nahe Senlis bei Paris abstürzte.

EINLEITUNG

Und doch kommt es zwangsläufig, wenn auch zum Glück selten, zu Unfällen. Es liegt in der Natur der Luftfahrt, daß im Falle eines Unglücks die Konsequenzen oft verheerend sind und viele Menschen das Leben kosten. Andererseits mag auch der erfahrenste Reisende überrascht sein, wenn er erfährt, daß durchschnittlich nicht mehr als 1 500 Menschen im Jahr bei Flugzeugkatastrophen ums Leben kommen.

Die Schnelligkeit, mit der sich die Entwicklung der bemannten Luftfahrt vollzog, bezahlten – wie in vielen anderen Bereichen menschlichen Fortschritts auch – viele mit ihrem Leben. Ihr Tod war selbstverständlich tragisch, doch die Lehren, die man aus den in diesem Buch beschriebenen Flugzeugkatastrophen zog, trugen dazu bei, die Luftfahrt für uns alle sicherer zu machen.

In den Pioniertagen der Luftfahrt war dagegen das Motto „Von der Hoffnung auf Gott getragen" mehr als passend. Das Fliegen barg mitunter erhebliche Risiken, die aber nicht ausreichten, um die erste Generation von Flugreisenden von dem Abenteuer abzubringen, das auch heute noch für viele einen wesentlichen Bestandteil des Fliegens ausmacht. Keine Fluggesellschaft kann ohne Passagiere überleben; ihr Vertrauen ist eine notwendige Voraussetzung für stetigen Erfolg.

Es hat Fälle gegeben, in denen dieses Vertrauen von in der Branche tätigen Menschen mißbraucht wurde, deren Fahrlässigkeit und Fehleinschätzungen zu Tragödien geführt haben, die vermeidbar gewesen wären. Einige der Katastrophen haben dem Vertrauen in die Branche sehr geschadet. Die Sicherheit der Passagiere sollte natürlich das Hauptanliegen jeder kommerziellen Fluggesellschaft sein. Leider kommt aber die Sicherheit bisweilen in der finanziell hart umkämpften Branche zu kurz.

Oben: Rettungskräfte bergen die Leiche eines Opfers des Unglücks, bei dem am 23. Juni 1985 eine Maschine der Air India vor der irischen Küste in den Atlantik stürzte.

Rechts: Ein Taucher sucht auf dem Meeresgrund nach Überresten des äthiopischen Verkehrsflugzeugs, das nach einer Entführung über dem Indischen Ozean abstürzte.

7

Die grössten Flugzeugkatastrophen

Es mag viele überraschen, daß die Geschichte terroristischer Zwischenfälle bis in die dreißiger Jahre zurückreicht, obgleich sich die meisten Flugzeugentführungen seit Ende der sechziger Jahre ereigneten. Indem Extremisten ein auffälliges Ziel wie ein Flugzeug wählen, können sie ein weltweites Medieninteresse erreichen. Dieses Motiv stand sicherlich hinter Aktionen von Gruppen wie dem Schwarzen September, einer palästinensischen Extremistengruppe, auf deren Konto mehrere Greueltaten gehen.

Seltener sind Angriffe auf Zivilflugzeuge auch von den Verteidigungskräften einiger Länder – unter ihnen die USA und die ehemalige UdSSR – verübt worden. Derartige Zwischenfälle wurden gelegentlich durch eine Verletzung des Luftraums der für den Übergriff verantwortlichen Nation ausgelöst, doch wird ein solcher Akt mutwilliger Zerstörung ungeachtet des Anlasses von der internationalen Luftfahrtgemeinschaft geschlossen verurteilt. Die festgelegten Flugrouten, die kreuz und quer durch die ganze Welt verlaufen, sind aufgrund von internationalen politischen Streitigkeiten, militärisch empfindlichen Lufträumen oder Ballungsgebieten stark eingeschränkt. Ein einfacher Navigationsfehler kann zu einer Tragödie

Unten: Das Wrack der Boeing 727 der Eastern Airlines am 24. Juni 1975 auf dem Kennedy-Flughafen, New York

EINLEITUNG

Rechts: Rettungskräfte inspizieren das Chaos, das ein El-Al-Jumbojet hinterließ, der am 4. Oktober 1992 in Amsterdam in einen Wohnblock stürzte.

Unten: Rettungsmannschaften durchsuchen das Wrack der Boeing 707, die am 5. März 1966 am Fuße des Berges Fuji abstürzte.

führen, wie sich im September 1983 zeigte, als ein koreanisches Passagierflugzeug von der sowjetischen Luftwaffe abgeschossen wurde, das sich in den sowjetischen Luftraum verirrt hatte.

Rigorose Sicherheitsvorkehrungen, strenge Auswahlverfahren für Piloten und die Automatisierung vieler Aufgaben im Cockpit reduzieren die Wahrscheinlichkeit immer mehr, daß der Pilot eines Passagierflugzeugs einen Fehler begeht. Moderne, computergesteuerte Leitsysteme sind darauf programmiert, die Steuerbefehle des Piloten auszuwerten und mögliche Folgen für die Stabilität des Flugzeugs zu berechnen. Seit den achtziger Jahren sind Fehler von Piloten zwar weiterhin eine der Hauptursachen von Flugzeugkatastrophen, aber verbesserte Verfahren werden hier in Zukunft Abhilfe leisten.

Auch ungünstige Wetterbedingungen haben zu einer Reihe von Unfällen beigetragen, denen in diesem Buch ein eigenes Kapitel gewidmet ist. Die zur Herstellung von Flugzeugen verwendeten Techniken und Materialien sind heute ungleich besser als in den frühen Tagen der Luftfahrt. Ebenso die Tests, die ein Flugzeug für seine Flugtauglichkeit bestehen muß. Zweifelsohne hat die Sicherheit von Passagierflugzeugen in der zweiten Hälfte des 20. Jahrhunderts einen Quantensprung erfahren. Trotz der in diesem Buch beschriebenen tragischen Zwischenfälle wird zum Glück in weiten Teilen der Branche Sicherheit großgeschrieben.

GEZIELTE GEWALTANWENDUNG

Eine Entführung durch Terroristen ist für Passagiere wie für Besatzung eines Flugzeuges ein schlimmes Erlebnis. Flugzeugentführer und Bombenleger handeln entweder aus politischen oder finanziellen Motiven oder sind geistesgestört. Für politische Extremisten gibt es vielleicht keinen besseren Weg, internationale Beachtung und letztlich traurige Berühmtheit zu erlangen, als eine Flugzeugentführung.

Während der späten 60er und frühen 70er Jahre nahmen derartige Zwischenfälle dramatisch zu. Die meisten von ihnen gingen unmittelbar auf arabische Terrororganisationen zurück. So furchtbar diese Vorfälle auch waren, hatten sie doch eine positive Folge: Die enormen Verbesserungen der Flugsicherheit, zu denen sie führten, lassen den Flugzeugentführer immer mehr zu einem Fall für die Geschichtsbücher werden.

Gewalttätige Übergriffe auf Zivilflugzeuge durch Militärkräfte geschehen zwar selten vorsätzlich, doch sind sie genauso wenig zu entschuldigen, da unschuldige Menschen ums Leben kommen können. In den 80er Jahren wurden beide Supermächte – die USA und die UdSSR – international für Angriffe auf Passagierflugzeuge verurteilt, die irrtümlich als Militärmaschinen identifiziert worden waren. In einem Fall provozierte dies höchstwahrscheinlich einen Gegenschlag, der das Leben weiterer unschuldiger Menschen kostete.

Rechts: Polizei und Militär untersuchen die Überreste des äthiopischen Flugzeugs, das am 23. November 1996 entführt worden und später auf den Komoren abgestürzt war, wobei von 175 Insassen nur 52 überlebten.

Die grössten Flugzeugkatastrophen

Mittelmeer, nahe der türkischen Küste
12. Oktober 1967

Wenn ein Flugzeug in der Luft explodiert und alle an Bord umkommen, ist es häufig schwierig, die Ursache der Explosion festzustellen. Dies war auch beim Absturz der de Havilland Comet 4B der British European Airways der Fall.

British European Airways war seit der ersten Inbetriebnahme im Mai 1952 eine der ersten Gesellschaften, die mit diesem Flugzeugtyp arbeiteten.

Am 12. Oktober 1967 startete in der Dunkelheit der frühen Morgenstunden eine der Maschinen aus der Comet-Flotte vom Londoner Flughafen Heathrow zu einem Flug nach Athen. Nach Beendigung des ersten Streckenabschnitts verließ das Flugzeug Athen mit Kurs auf das rund 900 Kilometer östlich auf Zypern gelegene Nikosia.

Ungefähr um 7.30 Uhr wurde die Comet durch eine Explosion schwer beschädigt. Außer Kontrolle geraten, taumelte die Maschine 5 000 Meter in die Tiefe, bevor der Rumpf in zwei Teile zerbrach. Die Wrackteile stürzten etwa 150 Kilometer ostsüdöstlich von Rhodos in das westliche Mittelmeer. Die Leichen von 59 der 66 Passagiere und Besatzungsmitglieder wurden später geborgen.

Zunächst nahm man an, daß die Comet einem Konstruktionsfehler zum Opfer gefallen sei, doch als eines der Sitzpolster aus dem Wasser geborgen und untersucht wurde, entdeckte man daran Spuren eines nicht identifizierten hochexplosiven Sprengstoffes.

Eine Theorie der Unfallexperten ging davon aus, daß eine Bombe an Bord versteckt worden war, um einen Anschlag auf den Führer der griechischen Streitkräfte auf Zypern zu verüben, nachdem dieser fälschlicherweise als einer der Passagiere identifiziert worden war. Eine andere Theorie lautete, der Bombenanschlag sei Teil eines Versicherungsbetruges – zumindest zwei der Fluggäste waren ungewöhnlich hoch versichert. Für keine dieser Theorien ließ sich jedoch ein sicherer Beweis finden – weder konnte die Explosionsursache völlig geklärt, noch konnten die Mörder festgenommen werden.

Unten: Eine solche BEA de Havilland Comet 4B stürzte am 12. Oktober 1967 über dem Mittelmeer ab. Niemand überlebte.

GEZIELTE GEWALTANWENDUNG

SIBIRIEN, RUSSLAND
18. Mai 1973

Oben: Eine Tupolew T-104 auf dem Rollfeld. Die Entführung einer T-104A in den siebziger Jahren war die erste, die mit einem Absturz endete. Alle Personen an Bord starben, einschließlich des Entführers.

Die Einzelheiten dieser Katastrophe sind, wie so vieles in der Zeit der ehemaligen Sowjetunion, von einem Geheimnis umgeben. Der Fall genießt den zweifelhaften Ruhm, die erste Flugzeugentführung gewesen zu sein, die mit einem tödlichen Absturz endete. Die Tatsache, daß sich alles hinter dem Eisernen Vorhang abspielte, verdeutlicht, daß während der siebziger Jahre keine Nation vor Luftpiraten sicher war.

Die Tupolew T-104 war der erste Passagierjet aus sowjetischer Fertigung und wurde im September 1956 in Dienst gestellt. Im Mai 1973 startete eine Tupolew T-104A, die zum altgedienten T-104-Bestand der Aeroflot gehörte, zu einem planmäßigen Flug von Moskau in das etwa 4 700 Kilometer östlich liegende Tschita. Nach etwa 2 400 Kilometern befand sich das Flugzeug auf seiner Reisehöhe von rund 10 000 Metern, als der Entführer einem Besatzungsmitglied mitteilte, daß er eine Sprengladung mit sich führte. Er verlangte Kurs auf China. Sein Ziel, von einem kommunistischen Land in ein anderes zu fliegen, dessen Regime höchstens noch strenger war, mutet seltsam an. Wäre er in China gelandet, wäre er höchstwahrscheinlich nach Rußland ausgeliefert worden.

Die sowjetische Zeitung Prawda berichtete am nächsten Tag, die Düsenmaschine sei östlich des Baikalsees beschädigt worden und abgestürzt, als der Entführer die Sprengladung detonieren ließ. Daß jemand überlebt hat, ist wohl auszuschließen.

Die grössten Flugzeugkatastrophen

Johor Baharu, Malaysia
4. Dezember 1977

In diesem Fall war der Täter eindeutig geistesgestört. Es gibt keine andere Erklärung für sein Verhalten, das ihn selbst und 100 unschuldige Menschen das Leben kostete. Die zerstörte Boeing 737 gehörte zu der Flotte, die Malaysian Airlines auf Inlandsstrecken einsetzte. Sie startete von Pinang im Nordwesten Malaysias zu einem planmäßigen Flug nach Kuala Lumpur, der 305 Kilometer weiter südlich liegenden Hauptstadt.

Der Flug verlief ohne Zwischenfälle, bis sich die Besatzung auf den Anflug auf Kuala Lumpur vorbereitete. Zu diesem Zeitpunkt verschaffte sich ein Mann mit einem Revolver Zutritt zum Cockpit, bedrohte den Piloten und forderte ihn auf, Kurs auf Johor Baharu zu nehmen, den Flughafen von Singapur. Die Besatzung folgte exakt seinen Anweisungen. Als die Boeing jedoch Johor Baharu erreichte, erschoß der Entführer sowohl den Kapitän als auch den Ersten Offizier – die einzigen an Bord, die die Maschine fliegen konnten. Außer Kontrolle geraten, ging das Flugzeug in einen beinahe senkrechten Sturzflug über, schlug in einem etwa 50 Kilometer südwestlich von Johor Baharu gelegenen Sumpfgebiet auf, explodierte und zerschellte. Von den 93 Passagieren und sieben Besatzungsmitgliedern überlebte niemand.

Der Fall warf ein wenig vorteilhaftes Licht auf die Sicherheitsvorkehrungen in Pinang und gab Anlaß zu der Frage, wie der Entführer eine Waffe an Bord hatte schmuggeln können. Häufig werden nämlich die Sicherheitsvorkehrungen auf Inlandsflügen weitaus lockerer gehandhabt als auf internationalen Strecken.

Unten: Eine Maschine vom Typ Boeing 737 der Malaysian-Airlines wurde am 4. Dezember 1977 entführt und stürzte ab.

GEZIELTE GEWALTANWENDUNG

JAPANISCHES MEER, VOR DER INSEL SACHALIN
1. SEPTEMBER 1983

In der Zeit des kalten Krieges zwischen den USA und der UdSSR gab es zahlreiche Verletzungen gegnerischen Luftraums, über die nie berichtet wurde. Beide Seiten wollten nicht zugeben, daß sie geheime Aufklärungsflüge über fremdem Territorium durchführten. Diese Einsätze führten zu einer Situation äußerster Spannung im Luftraum, die dann in der Tragödie des Fluges 007 der Korean Airlines endete, bei der 269 Menschen starben.

Am 1. September 1983 gipfelte das jahrzehntelange Katz-und-Maus-Spiel im Abschuß eines zivilen Passagierjets. Eine Boeing 747 der Korean Airlines (Flugnummer 007) verließ den Kennedy-Flughafen in New York um 4.30 Uhr WEZ mit 240 Passagieren und 29 Besatzungsmitgliedern an Bord Richtung Seoul.

Die Maschine landete zum Auftanken in Anchorage in Alaska und hob ohne Zwischenfall wieder ab. Zu diesem Zeitpunkt hätte die Flugbesatzung neue Daten in die drei Trägheitsnavigationssysteme im Cockpit eingeben müssen. Zusammen mit dem Autopiloten halten diese das Flugzeug bis zum Ziel auf dem richtigen Kurs. Jedoch begann die 747 um 13.10 Uhr, nur zehn Minuten nach Beginn des letzten Flugabschnitts, von ihrem festgelegten Kurs abzuweichen, was schließlich dazu führte, daß die Maschine in den sowjetischen Luftraum eindrang.

Von der sowjetischen Luftwaffe wurden eiligst Abfangjäger in das Gebiet entsandt, das der koreanische Jumbojet überflog: die Halbinsel Kamtschatka war für die Sowjetunion einer der wichtigsten Stützpunkte ihrer mit Raketen bestückten U-Boot-Flotte am Pazifik.

Unten: Eine Maschine vom Typ Boeing 747 der Korean Airlines wurde am 1. September 1983 von einem sowjetischen Jagdflugzeug abgeschossen.

DIE GRÖSSTEN FLUGZEUGKATASTROPHEN

Rechts: Japanische Fischer beim Versuch, Wrackteile der 747 mit Fischernetzen zu bergen

Rechts: In Seoul (Südkorea) weinen Hinterbliebene bei einer Gedenkfeier für die 269 Todesopfer des Abschusses der 747 um ihre Angehörigen.

GEZIELTE GEWALTANWENDUNG

Die Unfähigkeit der sowjetischen Piloten, den Passagierjet in der Dunkelheit zu orten, trug nicht gerade dazu bei, die wachsende Nervosität am Boden abzubauen. Als die Boeing 747 sich der Insel Sachalin näherte – einer weiteren hochsensiblen Militärbasis der Sowjets im Japanischen Meer –, erreichte die Anspannung am Boden ihren Höhepunkt.

Um 18.05 Uhr WEZ, als über dem Pazifik der Morgen dämmerte, bestätigte der Pilot eines Düsenjägers vom Typ Sukhoi Su-15 über Funk, daß er den vom Kurs abgekommenen Jumbojet (dessen Passagiere schliefen und sich des Ernstes der Lage nicht im geringsten bewußt waren) gesichtet hatte. Die spätere Untersuchung der Aufnahmen des Funkverkehrs brachte zu Tage, daß der sowjetische Pilot zu keinem Zeitpunkt angab, daß es sich bei dem Flugzeug tatsächlich um eine zivile Passagiermaschine handelte.

Der sowjetische Pilot folgte dem Jumbo-Jet etwa 20 Minuten lang und versuchte, die Aufmerksamkeit der Flugbesatzung mit den üblichen IFF-Radarcodesignalen (Identifikation Freund oder Feind) auf sich zu lenken. Als letzte Warnung gab er eine Kanonensalve Richtung Cockpit ab. Als auch dies keine Reaktion hervorrief, feuerte er zwei Luft-Luft-Raketen ab, von denen eine die linke Tragfläche des Jumbojets traf. Die schwerbeschädigte Maschine, die sich in einer Flughöhe von über 9 000 Metern befand, erlitt einen rapiden Druckverlust und sackte steil ab. Keiner hatte eine Chance, den Aufprall zu überleben, der sich etwa 86 Kilometer vor der Insel Sachalin ereignete.

Die sowjetischen Behörden trugen weder zur Bergung des Wracks noch zur Klärung der Frage allzuviel bei, wie es zu einer derartigen Tragödie hatte kommen können. Statt dessen machten sie eine militärische Aggression seitens der USA und die Inkompetenz der japanischen Flugleitung für den Vorfall verantwortlich. Später wurde bestätigt, daß ein Aufklärungsflugzeug der US Air Force vom Typ RC-135, der einer Boeing 747 äußerlich ähnlich ist, in derselben Nacht in diesem Gebiet im Einsatz gewesen war.

Es gibt zwei Theorien darüber, weshalb die Maschine von ihrem festgelegten Kurs abwich. Die eine besagt, daß die Besatzung es versäumte, den Autopiloten beim Abflug in Anchorage richtig einzustellen. Die andere geht davon aus, daß die Flugbesatzung Daten in das Trägheitsnavigationssystem eingegeben hatte, die um zehn Grad von den richtigen abwichen. Diese letzte Theorie wäre mit dem Kurs vereinbar, auf dem sich der Jumbojet zum Zeitpunkt des Abschusses befand.

Zweifelsohne waren auf allen Seiten Sicherheitsmaßnahmen nicht genügend beachtet worden.

Unten: Die Boeing 747 der Korean Airlines wurde von einem sowjetischen Jäger des Typs Sukhoi Su-15 abgeschossen.

DIE GRÖSSTEN FLUGZEUGKATASTROPHEN

ATLANTISCHER OZEAN, VOR DER IRISCHEN KÜSTE

23. JUNI 1985

Als 1985 eine Boeing 747 vor der Küste Irlands in der Luft explodierte, starben alle 329 Menschen an Bord. Diese Luftkatastrophe war unter anderem das Resultat einer Reihe von Fehlern und Sicherheitsmängeln.

Die Bombe, die 329 Menschen tötete, wurde aller Wahrscheinlichkeit nach von einem fanatischen Sikh als Vergeltung für das Massaker an Bord geschmuggelt, das die indische Armee bei einer Zeremonie im Goldenen Tempel von Amritsar in der Region Punjab im Norden Indiens an Sikhs verübt hatte.

Die Sprengladung war in einem Koffer versteckt und gelangte vermutlich in Vancouver an Bord einer Maschine der Canadian Pacific mit der Flugnummer CP60. Der Mann, der den Platz reservieren ließ und das Gepäck aufgab, bat darum, seinen Koffer in Toronto, dem Ziel des Fluges CP60, in die Boeing 747 der Air India mit der Flugnummer 182 zu verladen – der späteren Unglücksmaschine. An diesem Tag checkte sich am selben Schalter ein Passagier gleichen Nachnamens mit einem Gepäckstück ein, das mit dem Flug CP003 nach Tokio befördert wurde.

In Toronto hätte das gesamte Gepäck, das von der Maschine der Canadian Pacific in die der Air India verladen wurde, stichprobenweise durchsucht werden sollen. Da das Röntgengerät nicht funktionierte, wurde das Gepäck mit einem elektronischen Gerät durchleuchtet, das in der Lage hätte sein sollen, Sprengstoff zu entdecken. Aber es funktionierte offenbar nicht.

Unten: Eine Boeing 747 der Air India beim Flug über eine Bergregion

GEZIELTE GEWALTANWENDUNG

Oben: Wrackteile der Boeing 747 der Air India werden von einem Frachter im irischen Foynes an Land befördert. Die Teile werden später zur Untersuchung nach Cork gebracht.

Rechts: Untersuchung der Wrackteile an Bord eines irischen Marineschiffes im Hafen von Cork in Irland.

Ein weiterer Sicherheitsmangel war das Versäumnis des Bodenpersonals, den Fluggästen ihre Gepäckstücke zuzuordnen. Ein herrenloses Gepäckstück gelangte so an Bord.

Der Attentäter nahm seinen Platz nie ein. Seine todbringende Sprengladung explodierte am 23. Juni um 7.15 Uhr morgens im vorderen Frachtraum der 747 der Air India. Der rapide Druckverlust tötete zahlreiche Passagiere und ließ vermutlich auch die Besatzung bewußtlos über ihren Instrumenten zusammenbrechen. Die Wrackteile, von denen 95 Prozent spurlos im Atlantik versanken, verteilten sich über ein riesiges Gebiet. Es gab keine Überlebenden.

Etwa eine Stunde, bevor die Boeing der Air India explodierte, detonierte eine zweite Sprengladung, die sich in dem Gepäck befand, das der Mann an Bord des Fluges CP003 hatte bringen lassen, vorzeitig, als dieses am Narita-Flughafen in Tokio in den Air-India-Flug 301 verladen wurde. Zwei Menschen starben. Wäre der Zeitzünder dieser zweiten Bombe nicht falsch eingestellt gewesen, hätte es wahrscheinlich weit mehr Todesopfer gegeben.

Nach langen Ermittlungen, die sieben Jahre andauerten, nahm die Polizei einen 30jährigen Mann fest, der für die Anschläge verantwortlich gemacht wurde.

DIE GRÖSSTEN FLUGZEUGKATASTROPHEN

PERSISCHER GOLF
3. JULI 1988

Oben: Ein solcher Airbus vom Typ A300 der Iran Air wurde im Persischen Golf von der US-Fregatte Vincennes abgeschossen.

In Lufträumen, die an Kriegsgebiete angrenzen, ist ziviler Flugbetrieb immer mit Risiken verbunden. In einem Kriegsgebiet operieren Militärs in einem Zustand erhöhter Anspannung und sind gezwungen, innerhalb von Sekundenbruchteilen Entscheidungen zu treffen, die zu Fehlern führen können – und dies auch tun. Das Schicksal des Fluges 655 der Iran Air zeigt, wie eine Fehlidentifizierung mit einer Tragödie enden kann.

Der Persische Golf war 1988 ein Spannungsgebiet. Der iranisch-irakische Krieg, der seit 1979 getobt hatte, war zu einem Zermürbungskrieg geworden. Mitte der achtziger Jahre waren beide Seiten mit dem Ziel, dem Gegner die lebensnotwendige Ölversorgung vorzuenthalten, dazu übergegangen, Handelsschiffe im Golf anzugreifen.

Um den Transport ihres von Kuwait gekauften Öls zu schützen, hatten die USA im Mai 1987 einen Teil ihrer fünften Flotte in die Krisenregion entsandt. Nur wenige Tage, nachdem die Flotte stationiert worden war, ließen 37 US-Marinesoldaten ihr Leben, als eine Mirage der irakischen Luftwaffe die USS Stark angeblich aus Versehen angriff.

Am 3. Juli 1988, ein Jahr nach ihrer Stationierung, wurde die US-Fregatte Vincennes in der Straße von Hormuz in ein Seegefecht mit iranischen Kanonenbooten verwickelt. Die Besatzung der Vincennes, die unter allen Umständen mit einem möglichen Luftangriff rechnete und noch unter dem Eindruck des Zwischenfalls mit der Stark stand, identifizierte ein von der iranischen Küste kommendes Radarecho eindeutig als eine F-14 Tomcat – ein Flugzeug, das die Amerikaner ironischerweise Anfang der 80er Jahre an den Iran verkauft hatten. Dem Flugzeug wurden sowohl auf der internationalen Luftverteidigungs- als auch auf der militärischen Luftnotfrequenz eine Reihe von Warnsignalen übermittelt.

Captain Rogers von der Vincennes vollführte während des Gefechts mit den iranischen Schiffen schwierige Manöver. Gleichzeitig steuerte ein Flugzeug, das sein Luftabwehroffizier als Militärmaschine bestätigte, offenbar auf seine Position zu. Seine Entscheidung, zwei Boden-Luft-Raketen abzufeuern, lag wohl in dem Druck begründet, unter dem er stand, und wäre von vielen anderen in seiner Lage ebenfalls getroffen worden.

Die Passagiere und die Besatzung des Fluges 655 wußten wahrscheinlich nie, was geschah. Das Flugzeug, das irrtümlich als Kampfjet identifiziert wurde, war in Wirklichkeit eine iranische Passagiermaschine – ein Airbus A300. Er war um 10.15 Uhr mit 278 Passagieren und zwölf Besatzungsmitgliedern in Bander Abbas an der iranischen Südwestküste gestartet und unterwegs nach Dubai in den VAE – 250 Kilometer in Richtung Südwesten. Nur 20 Minuten nach dem Start waren alle an Bord tot.

Bei einer Geschwindigkeit von etwa 3 000 km/h war die Wirkung einer herkömmlichen Boden-Luft-Rakete beim Aufschlag auf einen Großraumjet katastrophal.

GEZIELTE GEWALTANWENDUNG

Oben: Die USS Vincennes, die zum Zeitpunkt des Zwischenfalls in ein Seegefecht mit iranischen Kanonenbooten verwickelt war

Oben: Die Radarschirme an Bord der Vincennes. Daten von diesen Bildschirmen zeigten dem Kapitän den iranischen Airbus als Feindflugzeug an.

Das große Gebiet, über das die Überreste verstreut waren, läßt vermuten, daß die Maschine noch in der Luft auseinanderbrach.

Bei den nachfolgenden Untersuchungen lieferten den wichtigsten Anhaltspunkt Bandaufnahmen des Luftabwehrradars der Vincennes, die eindeutig bewiesen, daß der iranische Airbus ein Transpondersignal gesendet hatte, das ihn als ziviles Flugzeug auswies. Ein Transponder sendet ein codiertes elektronisches Signal aus, das auf einem Radarschirm als Zahlenfolge erscheint. Militärflugzeuge verwenden ein Modus-II-Signal, zivile ein Modus-III-Signal. Nach der Datenaufzeichnung war der Jumbo im Moment des Einschlags im Steigen begriffen, wohingegen die Informationen besagten, die der Kapitän 90 Sekunden vor seiner fatalen Entscheidung erhalten hatte, daß das Flugzeug schnell tiefer ging.

Weitere Ermittlungen ergaben, daß das Transpondersignal des Airbus mit dem einer startenden F-14 verwechselt worden war, da zu dem Zeitpunkt sowohl militärische als auch zivile Luftflotten von Bander Abbas aus operierten. Obwohl sich die US-Marine hinter Captain Rogers und seine Mannschaft stellte, kritisierte der Kapitän eines US-Marineschiffes, das am Unglückstag ebenfalls in das Seegefecht verwickelt war, Rogers und seine Offiziere wegen ihres eindeutig aggressiven Vorgehens.

Die grössten Flugzeugkatastrophen

LOCKERBIE, SCHOTTLAND
21. Dezember 1988

Am 21. Dezember 1988 um 20.00 Uhr rasten Angehörige des British Air Accidents Investigation Branch (AAIB) zu der Kleinstadt Lockerbie im schottischen Dumfrieshire, um mit der schwierigen Aufgabe zu beginnen, die letzten Momente des Flugs 103 der Pan American von London nach New York zu rekonstruieren.

In dem verschlafenen Städtchen bot sich ihnen ein Bild der Verwüstung. Wrackteile der Boeing 747-121 waren auf den südlichen Stadtrand herabgestürzt und hatten einen über 47 Meter langen Krater im Wohngebiet Sherwood Crescent hinterlassen. Außerdem war ein 18 Meter langes Heckteil in einen 600 Meter entfernten Wohnblock gestürzt. Schutt und Flugzeugteile lagen hauptsächlich über zwei Schneisen verstreut und wurden noch auf einer Strecke von 130 Kilometern entlang der Ostküste Englands geborgen. Von 259 Menschen an Bord gab es keine Überlebenden. Daß nur elf Einwohner von Lockerbie ums Leben kamen, ist ein Wunder. An der Vehemenz der Zerstörung erkannten die Ermittlungsteams schnell, daß der Jumbojet in großer Höhe durch eine Explosion zerrissen worden war. Innerhalb weniger Tage wurden Teile geborgen, aus denen Kriminologen eindeutig auf die Verwendung von Semtex schließen konnten – einem gefährlichen, hochexplosiven Sprengstoff, der bevorzugt von Terroristen verwendet wird.

Unten: Auf einen Wohnblock der schottischen Kleinstadt Lockerbie waren Wrackteile der Pan Am Boeing 747 gestürzt.

GEZIELTE GEWALTANWENDUNG

Rechts: *Teile des zerstörten Cockpits der Boeing 747 werden von Ermittlungsbeamten untersucht.*

Unten: *Der vordere Teil des Rumpfes wurde auf einem Feld etwa vier Kilometer östlich von Lockerbie gefunden.*

Die Untersuchungen führten nun zur Jagd nach den Mördern.

Die aus San Francisco kommende Boeing der Pan American war am 21. Dezember am späten Vormittag auf dem Londoner Flughafen Heathrow gelandet. Das Flugzeug wurde für den Rückflug über den Atlantik zum New Yorker Kennedy-Flughafen, der für 18.00 am selben Tag geplant war, routinemäßig gesäubert und mit allem Nötigen für die Reise versehen.

Für den Transatlantikflug kamen 49 Passagiere, die von einem aus Frankfurt/Main kommenden Flug umstiegen, mit ihrem Gepäck an Bord. Zusätzlich zu diesen 49 stiegen weitere 194 Fluggäste zu, zusammen mit dem 16 Mann starken Flug- und Bordpersonal. Um 18.25 Uhr hob die Boeing ab, schlug einen nordwestlichen Kurs über das britische Festland ein und stieg auf eine Höhe von 9 449 Metern. Um 18.58 Uhr funkte ein Luftlotse der Shanwick (heute Prestwick) Oceanic Area Control (der koordinierenden Flugleitungsstelle für Transatlantikflüge) eine Meldung an die Flugbesatzung der Pan Am, die die Freigabe des Fluges über den Atlantik bestätigte. Als die Meldung nicht erwidert wurde und das Radarecho von Flug 103 sich auf ihren Bildschirmen auflöste, befürchteten die Beamten der Flugleitung das Schlimmste. Einwohner von Lockerbie berichteten, daß sie ein Geräusch wie Donnergrollen hörten, das wie das Tosen eines Düsentriebwerks stetig lauter wurde.

DIE GRÖSSTEN FLUGZEUGKATASTROPHEN

Oben: Ein Feuerwehrmann durchsucht den Schutt, den die geborstene Boeing 747 beim Aufprall auf die Stadt hinterließ. Häuser und Autos wurden zerstört, doch nur 11 Einwohner kamen ums Leben.

Viele eilten an die Fenster und sahen den brennenden Rumpf und die Tragfläche des Flugzeugs auf den Erdboden stürzen.

Rund 90 Prozent der über ein großes Gebiet verstreuten Wrackteile wurden während der nächsten 14 Tage geborgen und zu einer britischen Militärbasis in der Nähe von Lockerbie gebracht. Der vordere Teil des Rumpfes, der weitgehend intakt auf einem Feld vier Kilometer östlich der Stadt gefunden wurde, wurde in der Unfallabteilung des Royal Aircraft Establishment im englischen Farnborough rekonstruiert.

Nach monatelangen akribischen Untersuchungen, an denen Sprengstoffexperten, Fachleute der Terrorismusbekämpfung, Mitglieder des AAIB und des US National Transportation Safety Board beteiligt waren, wurde ein vorläufiger Bericht veröffentlicht.

Die Sprengladung im Frachtraum, die in einem Kassettenrecorder versteckt war, hatte die Außenwand des Flugzeuges bersten lassen und dadurch einen explosionsartigen Druckverlust, Manövrierunfähigkeit und das Auseinanderbrechen verursacht.

Die Ermittler hatten in ein Gepäckstück eingebettet ein winziges Fragment eines in der Schweiz hergestellten Zeitzünders gefunden. Die ganze Welt verurteilte Libyen, als bekannt wurde, daß der Mechanismus 1985 an dieses Land verkauft worden war. Die Ermittlungen ergaben, daß der Sprengsatz im Gepäck eines 50jährigen Libyers zunächst in Frankfurt von Flug 180 der Air Malta in eine Boeing 727 und später weiter in die Maschine der Pan American gebracht worden war.

Die zwei libyschen Terroristen, die der Tat beschuldigt werden, stehen weiterhin im Mittelpunkt eines Tauziehens um den Ort des Gerichtsverfahrens. Unmittelbar nach dem Bombenanschlag wurde spekuliert, das Verbrechen sei als Vergeltung für den Abschuß des iranischen Airbus im Persischen Golf sechs Monate zuvor verübt worden. Man nahm an, daß die libysche Regierung die Tat als Vergeltung für die amerikanischen Luftschläge gegen Tripoli im Jahre 1986 finanziell und logistisch unterstützt hatte. Warum auch immer, auch zehn Jahre nach der Katastrophe wurde noch niemand zur Rechenschaft gezogen.

GEZIELTE GEWALTANWENDUNG

BOGOTA, KOLUMBIEN
27. NOVEMBER 1989

Kolumbien ist von Drogenkartellen durchsetzt. Die Drahtzieher dieser Geschäfte und die von ihnen angeheuerten Killer lassen die kolumbianische Gesellschaft seit Jahren unter ihren Greueltaten leiden. Vorrangige Ziele sind die kolumbianische Justiz und Polizeieinrichtungen, doch sind auch viele andere unschuldige Menschen in das Kreuzfeuer geraten. 1989 wurde ein brutaler Terrorakt verübt, der das Land schockte und auf die Notwendigkeit sorgfältiger Sicherheitsvorkehrungen auf nationalen und internationalen Flughäfen überall auf der Welt aufmerksam machte.

Am 27. November 1989 startete eine Boeing 727-21 der Aerovías Nacionales de Colombia (AVIANCA) von Bogotas Flughafen El Dorado aus zu einem planmäßigen Flug in das rund 310 Kilometer südwestlich liegende Cali. An Bord befanden sich fünf Informanten der Polizei, deren Aussagen zur Überführung einiger der berüchtigtsten Kokainbarone Kolumbiens hätten führen können. Sie wurden streng bewacht. Es war bekannt, daß die Kartelle sie zum Tode verurteilt hatten.

Fünf Minuten nach dem Start wurde die Boeing von einer Explosion zerrissen. Die brennende Maschine stürzte steil nach unten und schlug auf einem Berghang

Unten: Rettungsmannschaften bergen die Leiche des Piloten der AVIANCA-Maschine. Die Boeing 727 schlug kurz nach dem Start auf einem Abhang auf. Alle Insassen starben.

DIE GRÖSSTEN FLUGZEUGKATASTROPHEN

Rechts: Überreste der AVIANCA-Boeing nach der Explosion und dem Absturz am 27. November 1989

Unten: Rettungshelfer tragen die Leiche eines der Opfer von der Absturzstelle.

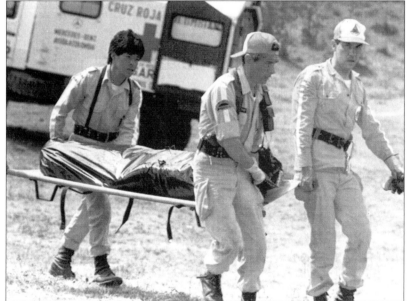

Außen rechts: Ein Experte der kolumbianischen Luftwaffe sucht in den Trümmern nach Anhaltspunkten für die mögliche Absturzursache.

der Mitte der Passagierabteils detoniert war. Diese hatte den Haupttreibstofftank unter dem Kabinenboden zerrissen und dazu geführt, daß sich das hochentzündliche Flugbenzin über den hinteren Teil des Rumpfes ergoß. Die Explosion zerstörte wahrscheinlich auch wichtige Steuerungsleitungen.

Die Polizei konnte nie ermitteln, wer die Sprengladung an Bord gebracht hatte. Jedoch wurde ein führendes Kartellmitglied, das als verantwortlich für den Anschlag galt, 1992 während einer Razzia von der Polizei erschossen.

auf, wobei alle ums Leben kamen, die die Explosion und den Druckverlust vielleicht noch überlebt hatten.

Hilfsmannschaften konnten 110 Leichen bergen – unter ihnen diejenigen dreier nicht identifizierter Personen. Diese standen nicht auf der Passagierliste, von der angenommen wird, daß sie tatsächlich alle Insassen verzeichnet. Es ist möglich, daß es sich um die Leichen von Menschen handelt, die beim Aufprall des Flugzeugs auf dem Erdboden getötet wurden.

Ermittlungen ergaben schließlich, daß eine Sprengladung auf der rechten Seite des Flugzeuges etwa in

GEZIELTE GEWALTANWENDUNG

KOMOREN, MADAGASKAR
23. NOVEMBER 1996

Oben: Die Überreste der äthiopischen Boeing 767 auf einem Riff vor den Komoren im Indischen Ozean. Rettungsmannschaften fanden 55 Überlebende.

Der Pilot einer äthiopischen Boeing 767, Kapitän Levl Abate, wurde vom Verband der Verkehrspiloten im Oktober 1997 für den Mut geehrt, den er bei der Entführung seines Flugzeugs bewies.

Flug 961 der Ethiopian Airlines befand sich planmäßig auf dem Weg von Äthiopien nach Kenia, als die Entführer in das Cockpit eindrangen. Ihre Forderungen blieben unklar, und die Maschine kreiste einige Zeit hilflos umher, während der Kapitän erfolglos versuchte, vernünftig mit ihnen zu diskutieren.

Das Flugzeug war in südöstlicher Richtung unterwegs, doch drohte schon bald der Treibstoff auszugehen. Der Pilot war gezwungen, in der Nähe von Moroni eine Notlandung zu versuchen. Beim Anflug kam es im Cockpit jedoch zu einem Handgemenge. Gleichzeitig fielen beide Triebwerke wegen Treibstoffmangels aus, ebenso die für die Steuerung des Flugzeugs notwendige Hydraulik. Nur etwa 275 Meter vom Strand von Le Galawa entfernt streifte die Maschine über die ruhige See und kippte dann nach links, so daß die Backbordtragfläche die Wellen berührte. Augenblicke später geriet auch das linke Triebwerk ins Wasser. Das Flugzeug wirbelte herum und brach hinter der Tragfläche auseinander. Einige Passagiere wurden durch die Fliehkraft hinausgeschleudert.

Touristen und Einheimische halfen den völlig verstörten Überlebenden an Land. 120 der 175 Menschen an Bord waren jedoch ums Leben gekommen.

Menschliches Versagen

Piloten und Mechaniker tragen eine schwere Verantwortung. Ob es sich um ein Ultraleichtflugzeug, einen Düsenjäger oder einen Jumbojet handelt – wer ein Flugzeug fliegt oder sich um seine Instandhaltung kümmert, muß professionell arbeiten und darf keine Einzelheit vernachlässigen.

Jeder Mensch hat irgendwann Konzentrationsschwächen und ist dann für Fehler anfällig. Piloten, Mechaniker und Fluglotsen sind auch nur Menschen. Die Möglichkeit menschlichen Versagens können auch die umfangreichste Berufsausbildung und -erfahrung nie völlig ausschalten. Auch wenn die Technik dem Piloten mittlerweile viele Aufgaben leichter macht, wird es immer eine anspruchsvolle Aufgabe bleiben, eines der modernen, ungeheuer komplexen Flugzeuge zu fliegen. Es stimmt, daß sich die große Mehrheit der Flugzeugunglücke unmittelbar auf Fehler der Besatzung während des Starts oder der Landung zurückführen läßt – der beiden kritischen Phasen eines Fluges. Glücklicherweise sind solche Unfälle aufgrund der für Berufspiloten vorgeschriebenen strengen Auswahlverfahren sowie sorgfältiger Ausbildung selten. Dennoch können zu große praktische und technische Routine, Zeitdruck oder Übermüdung dazu führen, daß eine Besatzung grundlegende Sicherheitsmaßnahmen mißachtet oder einfach den falschen Schalter betätigt.

Rechts: Das Wrack der BEA-Trident, die 1972 fast unmittelbar nach ihrem Start auf dem Londoner Flughafen Heathrow über einem Feld nahe Staines abstürzte. Es gab keine Überlebenden.

DIE GRÖSSTEN FLUGZEUGKATASTROPHEN

SIGGINSTON, WALES

12. MÄRZ 1950

Die Avro-Tudor war eines der ersten Linienflugzeuge. Sie wurde ab Mitte der 40er Jahre entwickelt und das erste Mal eingesetzt. Die Geschichte der Tudor wird von mehreren Abstürzen überschattet, von denen einer ihren Konstrukteur, Roy Chadwick, das Leben kostete. Am 12. März 1950 stürzte eine weitere Tudor V mit einer Gruppe walisischer Rugbyfans an Bord ab.

Zum Absturz der Tudor V führten Fehler des Bodenpersonals und des Piloten, der vor dem Flug die Gewichtsverteilung im Flugzeug nicht sorgfältig kontrollierte.

Walisische Rugbyfans, die ein Länderspiel in Belfast sehen wollten, hatten die Maschine nach Dublin gechartert. Am Tag nach dem Spiel bestiegen die ausgelassenen Fans in Dublin das Flugzeug für die Heimreise nach Cardiff über den Flughafen Llandow.

Für den Rückflug gingen sechs Passagiere zusätzlich an Bord – mit gravierenden Folgen für das Gleichgewicht der Maschine. Zwar hatte man die Anordnung der Sitze geändert, doch das Gepäck im Frachtraum war weder ausreichend schwer noch richtig verteilt, um den Schwerpunkt der Tudor zu korrigieren.

Als das Flugzeug um etwa 14.45 Uhr zum Landeanflug auf Llandow ansetzte, bemerkten Beobachter am Boden, daß es sich in Schwierigkeiten befand. Als die Tudor auf eine Höhe von ungefähr 37 Metern über der Mitte der Landebahn gesunken war, versuchte der Pilot, den Anflugwinkel (der Ermittlern zufolge zu steil war) zu korrigieren, indem er vollen Schub gab. Da aber die schlechte Gewichtsverteilung im Flugzeug den Schwerpunkt nach hinten verlagert hatte, war die Maschine nach diesem Manöver nur noch schwer zu kontrollieren.

Die Tudor stieg schnell auf eine Höhe von etwa 100 Metern, überzog, stürzte über einem Feld ab und kam nur 18 Meter von einem zu dem Dorf Sigginston gehörenden Bauernhaus entfernt zu liegen. Obwohl es keine Explosion gab, wurden alle 83 Insassen beim Aufprall getötet.

Links: *Der Unglücksort in direkter Nähe von Sigginston in Südwales an dem Tag, nachdem die Avro-Tudor V beim Anflug auf den Flughafen Llandow abgestürzt war*

MENSCHLICHES VERSAGEN

EAST RIVER, NEW YORK, USA
3. Februar 1959

Rechts: Ein Rettungsboot sucht nach Opfern der Lockheed-Electra-Katastrophe. Von den 73 Passagieren kamen beim Absturz in den East River 65 ums Leben.

Unten: Ein Kran auf einem Bergungsschiff hievt das Heck aus dem Fluß.

Unter den acht Überlebenden dieses Unglücks befand sich ein achtjähriger Junge, der mit seinen Eltern und zwei Schwestern auf dem Rückflug von Chicago gewesen war. Er war der einzige von ihnen, der lebend gerettet werden konnte. Viele der Opfer, die den Absturz in den eiskalten East River noch überlebt hatten, ertranken bei dem Versuch, dem schnell sinkenden Wrack zu entkommen. Experten, die den Unfall untersuchten, konnten anhand der Berichte des Ersten und Zweiten Offiziers, die beide überlebten, die Fehler rekonstruieren, die schließlich zu der Katastrophe geführt hatten.

Die Lockheed Electra der American Airlines befand sich am Ende eines Inlandflugs vom 1 174 Kilometer weiter westlich gelegenen Chicago. Obwohl die Mitglieder der Crew viele Jahre Flugerfahrung auf verschiedenen Flugzeugtypen besaßen, hatten sie auf der Electra, die sich seit weniger als zwei Wochen im Dienst der Fluglinie befand, erst wenige Flugstunden verbracht.

Auf dem La-Guardia-Flughafen – dem Ziel der Turbo-Prop – waren die Wetterbedingungen schlecht:

Die grössten Flugzeugkatastrophen

niedrige Wolken (110 Meter), leichter Regen und Nebel. Die Sichtweite betrug drei Kilometer.

Die äußeren Bedingungen zwangen die Crew, sich beim Anflug nach den Instrumenten und dem Instrumentenlandesystem (ILS) zu orientieren. Das Flugzeug läßt sich so landen, indem es einem seitlichen und einem vertikalen Leitstrahl folgt – beide Leitstrahlen werden von Navigationshilfen am Boden übertragen. Die Besatzung der Electra hatte keine Erfahrung mit ILS-Landungen auf dem La-Guardia-Flughafen und stand unter erheblichem Druck, als sie sich diesem näherte. Sie mußte routinemäßig Fahrwerk und Landeklappen ausfahren und gleichzeitig mit dem ungewohnten Landesystem zurechtkommen.

Es gab kaum etwas, das die Besatzung hätte unternehmen können, um wenige Sekunden, nachdem die Maschine die dichten Wolken durchstoßen hatte, einen Absturz zu verhindern. Das Flugzeug schlug auf dem eiskalten East River auf, 1 520 Meter von der vorgesehenen Landebahn 22 entfernt. Wäre der Schlepper Dorothy McAllister nicht in der Nähe gewesen, hätte wohl keiner an Bord des Flugzeugs überlebt.

Die amerikanische Luftfahrtbehörde, die das Unglück untersuchte, kritisierte sowohl den Kapitän und seine beiden Offiziere als auch die Betriebspraxis der Fluggesellschaften. Instrumente, die – wie fast das gesamte Wrack – aus den Tiefen des East River geborgen wurden, zeigten potentiell gefährliche Abweichungen. In Chicago war der Höhenmesser falsch eingestellt worden und hatte eine Höhe angezeigt, die 36 Meter über der tatsächlichen lag. Noch dazu war der Erste Offizier, zu dessen Pflichten es zählte, dem Kapitän regelmäßig Flughöhe und -geschwindigkeit zu melden, durch die Komplikationen und die ungewohnte Prozedur einer ILS-Landung abgelenkt.

Diese zwei Fehler der Crew und die Tatsache, daß sie das Flugzeug kaum kannte, galten als Ursache des Absturzes. Aussagen der beiden untergeordneten Offiziere gegenüber der Luftfahrtbehörde legten nahe, daß das ungewohnte Aussehen der Instrumente sie irritierte, was dazu geführt haben könnte, daß Instrumente falsch abgelesen wurden. Darüber hinaus war die Landebahn 22 unzureichend beleuchtet, und Regen und schlechte Sicht können dem Piloten den Eindruck vermittelt haben, er befände sich in einer größeren Höhe, als es der Fall gewesen war.

Links: *Ein Marinekran hebt Wrackteile der Electra auf einen Kahn. Viele der Opfer konnten nie aus dem Fluß geborgen werden.*

MENSCHLICHES VERSAGEN

STAINES, ENGLAND
18. JUNI 1972

Der Hauptgrund für den Absturz der Hawker Siddeley Trident der BEA am 18. Juni 1972 war die Unfähigkeit der Flugbesatzung, vernünftige und effektive Entscheidungen zu treffen, als während des Abflugs, einer der kritischsten Flugphasen, ein schweres Problem auftrat.

Obwohl er mit 51 Jahren noch keineswegs alt war, befand sich der Pilot der BEA, Stanley Key, allen Anzeichen nach nicht in bester körperlicher Verfassung. Sechs Monate vor dem Unfall hatten Mediziner der englischen zivilen Luftfahrtbehörde an ihm ein EKG durchgeführt und ihn als flugtauglich eingestuft, aber eine nach der Katastrophe vorgenommene Autopsie ergab, daß seine Herzarterien erheblich verengt waren.

Die Trident sollte zu einem planmäßigen Flug von London/Heathrow nach Brüssel starten. Eines der vielen Ereignisse, deren Verkettung zu der Tragödie führte, war ein heftiger Streit zwischen Key und einem anderen Piloten im Aufenthaltsraum der Besatzung in Heathrow. Der Gerichtsmediziner kam zu dem Schluß, daß der daraus resultierende hohe Blutdruck eines von Keys Herzgefäßen beschädigte.

Als Key das Flugzeug bestieg, hatte er vermutlich bereits starke Schmerzen. Sein Erster und Zweiter Offizier waren beide in den frühen Zwanzigern und weit weniger erfahren als ihr Kapitän. Beide dachten sicher nicht daran, sein Kommando in Frage zu stellen. Nachdem die 112 Passagiere (die Trident war damit fast ausgelastet) saßen und instruiert worden waren,

Unten: Polizei und Feuerwehr untersuchen das Wrack der BEA-Trident, die kurz nach ihrem Start in Heathrow über einem Feld in der Nähe von Staines abstürzte.

Links: *Der vom Royal Aircraft Establishment in Farnborough im Rahmen der Untersuchung rekonstruierte Rumpf des verunglückten Flugzeugs*

machte die Besatzung wie gewohnt ihre Startvorbereitungen. Die Maschine „Papa India" erhielt die Starterlaubnis und hob um 17.09 von der Startbahn ab.

Laborexperimente haben ergeben, daß bei allen Piloten in dieser Fluphase der Puls steigt – was Keys Herz noch weiter belastete und ihm vermutlich größte Schmerzen bereitete. Dies erklärt die Tragödie zumindest teilweise.

Nur 75 Sekunden nach dem Start fuhr ein Mitglied der Besatzung (wahrscheinlich der Kapitän) die auftriebsunterstützenden Führungskantenklappen ein. Die Reisegeschwindigkeit der Trident betrug jedoch nur 70 % der für diese Maßnahme vorgeschriebenen Geschwindigkeit. Die Crew reduzierte die Schubkraft und zog die Hinterkantenklappen ein. Dieses Vorgehen in Verbindung mit der zu geringen Geschwindigkeit ließ das Flugzeug gefährlich instabil werden.

Auch wenn die Maschine fast überzog, hätte der „Stickshaker" die Besatzung ausreichend warnen sollen, um die Klappen wieder umzustellen und die Nase zu senken.

Die Trident war das erste Flugzeug, das mit einem „Stickshaker" ausgerüstet war, einem Mechanismus, der bei einem Überziehen des Flugzeugs ein Rütteln der Steuersäule auslöst. Eine spätere Analyse ergab, daß die Vorrichtung in Keys Cockpit von Hand abgeschaltet wurde, als sie sich zum zweiten Mal aktivierte.

Viele Trident-Besatzungen haben ihre Unzufriedenheit mit dem System ausgedrückt und berichtet, daß es sich oft ohne Grund aktiviert. Irgend jemand im Cockpit von „Papa India" muß von einer Fehlfunktion ausgegangen sein und die Vorrichtung abgestellt haben.

Weniger als zwei Minuten nach dem Start überzog die Trident in einer Höhe von 600 Metern endgültig. Sie schlug fünf Kilometer südwestlich der Startbahn in einem relativ spitzen Winkel in einem Feld auf – nur wenige Meter neben einer zu dieser Zeit stark befahrenen Fernstraße mit zahlreichen Pendlern auf dem Weg nach Hause. Es gab keine Explosion, und das ausbrechende Feuer wurde von den automatischen Notsystemen schnell gelöscht. Tragischerweise konnte trotzdem keiner der 118 Insassen lebend aus dem Wrack gerettet werden.

Leider befand sich kein Flugschreiber im Cockpit der Trident, das den Aufprall relativ unbeschädigt überstanden hatte. Dies machte die Aufgabe der Untersuchungskommission noch schwieriger, die versuchte, den Grund für das Unglück und damit den Tod der 118 Menschen an Bord zu erklären.

Seitdem ist der Flugschreiber im Cockpit eines Zivilflugzeugs fast obligatorisch geworden; sein Fehlen würde heute als Fahrlässigkeit der Fluggesellschaft gewertet – ein weiteres Beispiel für die Verbesserung von Sicherheitsmaßnahmen nach einem Unglück.

Menschliches Versagen

Teneriffa, Kanaren, Spanien
3. Dezember 1972

Auf Teneriffa war das Flugaufkommen in den frühen 70er Jahren aufgrund der wachsenden Beliebtheit der Insel als Ferienziel vor allem für deutsche und englische Urlauber erheblich gestiegen. Während der Wintermonate, in denen sich das Unglück ereignete, lockt das milde Klima unzählige Sonnenhungrige auf die Insel. Das Flugaufkommen bleibt entsprechend hoch.

Die Chartermaschine der Spantax – eine Coronado – sollte am frühen Morgen vom Los-Rodeos-Flughafen zu einem Flug nach München starten (eine Unannehmlichkeit, die jedem Charterreisenden vertraut sein dürfte). Niedrige Wolken hingen über der Insel, aber die Wetterverhältnisse schienen keine Unterbrechung des regulären Flugverkehrs zu rechtfertigen. In den sechs Jahren zuvor hatte Spantax zwei schwere Unfälle auf den Kanaren hinnehmen müssen, bei denen 33 Menschen umkamen. Diese Tragödie nun sollte über 150 Insassen das Leben kosten.

Um 06.45 Uhr startete die Coronado, stieg auf eine Höhe von 100 Metern und stürzte ab; das Wrack blieb auf dem Rücken liegen. Alle 148 Passagiere, von denen die meisten deutsche Touristen waren, kamen zusammen mit der siebenköpfigen spanischen Besatzung ums Leben.

Unten: Teneriffa, ein beliebtes Urlaubsziel. Beim Start auf dem Flughafen verunglückte die Chartermaschine mit zahlreichen deutschen Touristen an Bord.

Die grössten Flugzeugkatastrophen

Oben: Die Opfer des Coronado-Absturzes werden von Rotkreuzhelfern auf Bahren gelegt.

Die Untersuchungen der spanischen Behörden ergaben, daß der Pilot etwa zu dem Zeitpunkt, als das Vorderrad des Flugzeugs vom Boden abhob, die Kontrolle über die Maschine verlor. Den genauen Grund hierfür festzustellen erwies sich als schwierig – ein Problem, das bei Unglücken häufig ist, die auf menschliches Versagen zurückzuführen sind.

Es liegt nahe, daß der Pilot wegen der äußerst schlechten Sichtverhältnisse die Orientierung verlor. Aus heutiger Perspektive ließe sich seine Entscheidung, trotz ungünstiger Wetterverhältnisse zu starten, vielleicht in Frage stellen. Doch Fluglinienkapitäne stehen oft unter erheblichem Druck. Die Zeit, in der sich eine Passagiermaschine am Boden befindet, kostet ihre Betreiber Geld, was finanziell kaum wünschenswert ist. Diese geschäftlichen Zwänge übertragen sich zwangsläufig auf den Kapitän, der so in einen Konflikt zwischen den finanziellen Interessen seiner Gesellschaft und der Sicherheit des Flugzeugs, der Besatzung und der Passagiere gerät.

Rechts: Das Wrack der gecharterten Coronado. Beim Absturz kurz nach dem Start am frühen Morgen kamen alle Insassen ums Leben.

MENSCHLICHES VERSAGEN

ROSSINSEL, ANTARKTIS
28. NOVEMBER 1979

Die Kommission, die mit der Untersuchung dieses Flugzeugabsturzes beauftragt war, erhob in ihrem Abschlußbericht schwere Vorwürfe sowohl gegen die Fluggesellschaft als auch gegen die Besatzung. Beide trafen zweifellos verheerende Fehlentscheidungen, die einen vergnügsamen Rundflug über die atemberaubende Landschaft des Ross-Schelfeises mit einer ungeahnten Katastrophe enden ließen.

Ein Flug über der Antarktis erfordert ständige Konzentration, überdurchschnittliche Fähigkeiten und ein ausgeprägtes Urteilsvermögen, um die oft widrigen Wetterverhältnisse einschätzen und ohne die Hilfe von Bezugspunkten am Boden navigieren zu können. Dazu kommt noch, daß ein Magnetkompaß aufgrund starker Magnetfelder im Bereich des Südpols nutzlos ist.

Die Flugoffiziere der McDonnell Douglas DC-10 der Air New Zealand hatten vor dem Flug Anweisungen

Links: Aus sicherem Abstand betrachtet, scheint die Antarktis von atemberaubender Schönheit, doch in Wirklichkeit besteht sie aus einer lebensfeindlichen Eiswüste und zugefrorenem Meer. Über einer solchen Landschaft stürzte die McDonnell Douglas DC-10 im November 1979 ab.

Die grössten Flugzeugkatastrophen

erhalten, die später als unzureichend eingestuft wurden. Nur einer der fünf Offiziere hatte bereits einen derartigen Flug hinter sich. Während der Startvorbereitungen in Auckland gab ein Mitglied der Crew einen detaillierten Flugplan in das Trägheitsnavigationssystem der DC-10 ein. Ein derartiger Plan beinhaltet ein Flugprofil und dient dazu, die Position der Maschine zu errechnen und, soweit möglich, mit Navigationshilfen am Boden abzustimmen.

Spätere Untersuchungen ergaben, daß diese Daten fehlerhaft waren. Sie beruhten auf falschen Informationen, die die Maschinen der Air New Zealand mindestens 14 Monate lang benutzt hatten. Da aber alle früheren Rundflüge bei weit besseren Sichtverhältnissen durchgeführt worden waren, hatten die Besatzungen sich nicht wie an jenem Tag fast ausschließlich auf die Instrumente verlassen müssen.

Als sich der Pilot der südwestlich von Neuseeland am Rande der antarktischen Eiskappe gelegenen Rossinsel näherte, beschloß er, die Maschine unter die niedrige, dichte Wolkendecke zu bringen, um den Passagieren so eine bessere Aussicht zu bieten.

Dies war grob fahrlässig und eine Verletzung der Vorschriften, die ausdrücklich untersagten, eine Flughöhe von 1 800 Metern zu unterschreiten, bis die Maschine die nun direkt vor ihr liegende Bergkette passiert hatte.

Die Fehler in den Daten des automatischen Navigationssystems hatten die Maschine überdies mehr als 50 Kilometer vom Kurs abkommen lassen. Sie flog nun direkt auf den Gipfel des Mount Erebus zu.

Inmitten dichter Wolken war die Besatzung nicht in der Lage, die sich nähernde Gefahr zu erkennen, auch als sie beschloß, auf 500 Meter herunterzugehen. Als das Flugzeug aus den dichten Wolken stieß, war die Sicht noch immer stark eingeschränkt. Zu spät sah die Besatzung die Wand aus Fels und Eis, die vor ihr auftauchte. Die Maschine schlug auf einem Abhang an der Westseite des Berges mit über 480 Stundenkilometern auf. Keiner der 257 Insassen überlebte.

Links: *Verstreute Wrackteile der McDonnell Douglas DC-10 der Air New Zealand auf den schneebedeckten Hängen des Mount Erebus. Niemand an Bord überlebte.*

MENSCHLICHES VERSAGEN

TENERIFFA, KANAREN, SPANIEN
25. APRIL 1980

Oben: Eine Boeing 727 der Dan-Air. Eine Maschine dieses Typs verunglückte mit britischen Touristen an Bord auf Teneriffa.

Am 25. April 1980 schlug das Schicksal auf der Urlaubsinsel Teneriffa ein zweites Mal zu und forderte diesmal das Leben von 146 Insassen einer Boeing 727 der Dan-Air. Der Unfall verdeutlichte die Notwendigkeit effektiver Kommunikationssysteme zwischen der Flugbesatzung und dem Bodenpersonal. Sowohl für die KLM-PanAm-Kollision von 1975 als auch für das Unglück der Boeing waren zum Teil Kommunikationsprobleme verantwortlich.

In den späten 70er und frühen 80er Jahren wurde das spanische Flugleitungswesen kritisch überprüft. Viele Experten bezweifelten, daß die Professionalität und Ausrüstung der Organisation ausreiche, um dem Flugaufkommen auf spanischen Flugplätzen gerecht zu werden.

Angesichts der besonderen Umstände und der Vorgehensweise der Dan-Air-Crew in den Minuten vor dem Unglück wäre es allerdings ungerecht, nur die Mitarbeiter der spanischen Flugleitung verantwortlich zu machen. In diesem Fall scheinen Konzentrationsmängel und gegenseitige Mißverständnisse zu der Katastrophe geführt zu haben.

Am späten Morgen des 25. April gingen in Manchester 146 Personen (138 Passagiere und das achtköpfige Flug- und Begleitpersonal) an Bord einer Chartermaschine der Dan-Air. Ihr Ziel waren die Strän-

Die grössten Flugzeugkatastrophen

de von Teneriffa. Der Flug verlief ohne Zwischenfall, bis die Maschine in den Zuständigkeitsbereich der Fluglotsen des Los-Rodeos-Flughafen auf Teneriffa kam. Vor Ort herrschte lockere Bewölkung mit einer Wolkenhöhe von 1 000 Metern.

Das Flugzeug befand sich zu diesem Zeitpunkt aufgrund von Navigationsfehlern der Crew etwa 1,5 Kilometer östlich des vorgesehenen Flugweges. Der Fluglotse, dem kein Radar zur Verfügung stand, war sich über die genaue Position der Maschine nicht im klaren und wies die Besatzung an, sich auf 1 828 Meter Höhe in eine Warteschleife zu begeben. Das Unvermögen der Crew, ihre genaue Position anzugeben, nachdem die Boeing die UKW-Drehfunkfeuer (eine vom Boden aus operierende elektronische Navigationshilfe) überquert hatte, verschlimmerte die Lage noch zusätzlich.

Die Anweisung des Fluglotsen, nach links zu drehen, was die Maschine weiter vom Flughafen entfernt hätte, war offensichtlich unlogisch. So verlor die Crew im entscheidenden Moment den Überblick. Der Besatzung gelang es nicht, die Warteschleife zu vollführen. Die Maschine flog weiter in Richtung der südwestlich des Flughafens gelegenen Berge.

Man befand sich in einer Höhe von 1 660 Metern inmitten von Wolken, als die automatische Bodennähewarnung ertönte und fast im gleichen Augenblick wieder verstummte, da die 727 ein Tal überflog. Der Pilot, der keine Vorstellung mehr vom Abstand zum Boden hatte, führte ein schnelles Ausweichmanöver nach rechts durch. Nur 30 Sekunden später ertönte das Warnsystem jedoch ein zweites Mal. Nun blieb keine Zeit für ein Ausweichen. Die Maschine zerschellte an einem Berghang; alle Insassen waren auf der Stelle tot.

Unten: Rettungsteams untersuchen die Trümmer der Boeing 727, die südlich des Los-Rodeos-Flughafen auf Teneriffa in einem Wald aufschlagen war.

MENSCHLICHES VERSAGEN

RIAD, SAUDI-ARABIEN
19. FEBRUAR 1980

Oben: *Das saudiarabische Linienflugzeug, in dem 301 Menschen verbrannten, war eine Lockheed Tristar dieses Typs.*

Als der im Cockpit einer saudischen Lockheed Tristar installierte Feueralarm am 19. Februar 1980 Rauch aus dem hinteren Frachtraum meldete, stellte sich schnell heraus, daß die Besatzung nicht wußte, was sie zu tun hatte.

Die Tristar, unterwegs von Karatschi in Pakistan nach Djidda in Saudi-Arabien, war gerade nach einer Zwischenlandung gestartet. Die Besatzung, von der niemand ausreichend Erfahrung mit diesem Flugzeugtyp besaß, ließ sich vier lange Minuten Zeit, ehe sie den Alarm bestätigte und mußte dann – es klingt unglaublich – erst das Handbuch suchen, in dem das richtige Verhalten in einem solchen Fall erklärt wurde. Der Flugingenieur, der das Feuer zu diesem Zeitpunkt nicht ernst nahm, erklärte, daß es „kein Problem" gebe.

Unter den 287 Passagieren und dem zehnköpfigen Begleitpersonal wuchs indes die Angst. Als Rauch in die Kabine drang, versuchte das Begleitpersonal, eine Panik zu verhindern. Der Kapitän wendete, um wieder in Riad zu landen. Nach der Landung jedoch hätte er vollen Umkehrschub geben und das Flugzeug so schnell wie möglich anhalten müssen, um eine umgehende Evakuierung zu ermöglichen. Statt dessen entschloß er sich, die Maschine abseits der Landebahn langsam ausrollen zu lassen. Die Passagiere waren so weitere 180 Sekunden in der mit Rauch gefüllten Maschine gefangen. Der Pilot ließ dann die Triebwerke noch über drei Minuten lang laufen, was die Evakuierung und das Eingreifen der Retter verhinderte.

Als sich das Feuer in der Tristar ausbreitete, waren die Rettungsmannschaften mit der Situation vollkommen überfordert. Ihnen fehlten offensichtlich die nötige Ausbildung, Ausrüstung und Einsatzleitung, um mit einem solchen Ereignis umzugehen. Fast 30 Minuten nach der Landung gelang es ihnen endlich, sich einen Weg in das Wrack bahnen. Alle 301 Menschen an Bord kamen bei dieser Katastrophe ums Leben.

Die grössten Flugzeugkatastrophen

Detroit, Michigan, USA
16. August 1987

Die einzige Überlebende des Flugs 255 der Northwest Airlines war ein vier Jahre altes Mädchen. Tragischerweise verlor sie ihre drei nächsten Verwandten bei diesem Unfall, der weitere 153 Menschenleben forderte.

Das National Transportation Safety Board, das alle Flugzeugunglücke in den USA untersucht, fand als Ursache des Absturzes das Fehlen jeglicher Kommunikation zwischen Piloten und Kopiloten während des Starts auf dem Wayne-County-Flughafen in Detroit.

Vor allem unterließ es der Erste Offizier, die Klappen auszufahren, als sich das Flugzeug kurz vor Erhalt der Starterlaubnis auf der Rollbahn befand. Auch der Kapitän handelte nachlässig, indem er einige von der Fluggesellschaft vorgeschriebene Kontrollen vor dem Abflug nicht durchführte.

Ohne ausgefahrene Klappen und Vorflügel (Führungskanten an den Tragflächen, die Auftrieb erzeugen) ist die Steigfähigkeit einer McDonnell Douglas DC-9 Super 82 – wie die jedes anderen modernen Passagierflugzeugs – erheblich eingeschränkt.

Nach etwa 2 000 Metern hob die DC-9 ab. Hätten die Einstellungen gestimmt, hätte sie nach 1 350 Metern eine Höhe von 182 Metern erreicht. Doch aufgrund der verhängnisvollen Unterlassungen der Crew hatte die Maschine erst eine Höhe von zwölf Metern erreicht. Nur 14 Sekunden nach Beginn des Flugs nach Phoenix in Arizona stieß die linke Tragfläche gegen eine Reihe von Laternenpfählen und ein Gebäude. Das Flugzeug stürzte auf eine etwa 800 Meter von der Startbahn entfernte Straße.

Die beiden Insassen eines Personenwagens, der ebenfalls erfaßt wurde, waren auf der Stelle tot. Als die Rettungsteams an der Unglücksstelle eintrafen, waren sie erstaunt, daß es unter den Insassen des Flugzeugs doch eine Überlebende gab – ein erst vier Jahre altes Mädchen.

Unten: Die Straße, auf die die DC-9 der Northwest Airlines unmittelbar nach dem Start stürzte

MENSCHLICHES VERSAGEN

VOR PUERTO PLATA, DOMINIKANISCHE REPUBLIK

6. FEBRUAR 1996

Rechts: Beamte der US-Küstenwache bei der Bergung der Überreste der Boeing 757 auf dem Kutter Knight Island

Die meisten der 176 Passagiere des Flugs 301 waren Deutsche auf dem Rückweg vom Winterurlaub auf der Karibikinsel Puerto Plata. Die dominikanische Luftlinie Alas Nacionales hatte die Boeing 757 der Birgenair für den Flug nach Deutschland mit Zwischenstopp im kanadischen Gander gechartert. Der Kapitän leitete um 23.41 Uhr den Start ein.

Das Flugzeug hatte bereits auf 148 Stundenkilometer beschleunigt, als der Kapitän einen Defekt an seinem ASI (Fahrtmesser) bemerkte. Der Fahrtmesser des Kopiloten schien zu funktionieren. Die Maschine hob etwa um 23.42 Uhr ab und begann mit dem Anstieg auf Reiseflughöhe. Bei einer Höhe von 1 433 Metern zeigte der Fahrtmesser des Kapitäns 648 Stundenkilometer, einen Wert weit über der korrekten Steiggeschwindigkeit. Daraufhin richtete der Autopilot die Maschine weiter auf und drosselte den Schub, um die Geschwindigkeit zu verringern.

Die eigentliche Geschwindigkeit betrug jedoch lediglich 408 Stundenkilometer. Als das Flugmanagementsystem die Geschwindigkeit reduzierte, meldete sich das Audiowarnsystem (eine elektronische Stimme, die die Besatzung auf mögliche Gefahren hinweist). Offensichtlich irritierte es beide Piloten, daß der Fahrtmesser des Kopiloten 370 Stundenkilometer anzeigte, dieser jedoch vor überhöhter Geschwindigkeit warnte. Kurz darauf erfolgte eine Warnung durch den „Stickshaker", was die beiden Piloten annehmen ließ, beide Fahrtmesser seien defekt.

Als sie begriffen, daß sie an Geschwindigkeit und Höhe verloren, schalteten die Piloten den Autopiloten aus, der die Geschwindigkeit fast bis zum Strömungsabriß reduziert hatte, und gaben vollen Schub. Um 23.47 Uhr und 17 Sekunden ertönte die Bodennähewarnung. Acht Sekunden später schlug das Flugzeug etwa neun Kilometer vor der Küste auf dem Meer auf. Von den Insassen überlebte niemand.

Man vermutete, daß Wartungsfehler des Bodenpersonals zum Defekt des Fahrtmessers geführt hatten. Aber das Versäumnis der Crew, auf die Warnung durch den „Stickshaker" zu reagieren, die einen Strömungsabriß ankündigte, war die Hauptursache.

KOLLISIONEN

Kollisionen in der Luft sind eine ständige Bedrohung. Obwohl der Luftverkehr streng kontrolliert wird und die Routen von den Luftfahrtbehörden genau festgelegt werden, läßt sich eine Flugzeugkollision nie vollkommen ausschließen. Mit dem Luftverkehrsaufkommen und der Anzahl der Flugwege wächst auch das Risiko von Kollisionen am Himmel.

Einer der ersten bekanntgewordenen Fälle ereignete sich in den 50er Jahren in den USA über dem Grand Canyon. Der katastrophale Zusammenstoß verdeutlichte die Mängel des damaligen Luftverkehrsüberwachungssystems, das mit der immensen Zunahme des Flugverkehrs nicht Schritt gehalten hatte. Der KLM-PanAm-Zusammenstoß auf der Rollbahn auf Teneriffa 21 Jahre später zeigte, wie wichtig es ist, daß Flugbesatzungen auch auf dem Boden ständige Wachsamkeit walten lassen. Dieser Vorfall, der schlimmste in der Geschichte der Passagierluftfahrt, war die Katastrophe, die alle seit der Einführung von Großraumjets mit einer Kapazität von mehr als 500 Passagieren befürchtet hatten.

Diese Tragödien erinnern uns daran, daß Kollisionen eine stets präsente Gefahr sind. Jedes Jahr werden zahllose Zwischenfälle mit Beinahe-Kollisionen verzeichnet, über viele weitere wird wahrscheinlich nie berichtet.

Rechts: Nach der Kollision zwischen einem saudi-arabischen Jumbojet und einer kasachischen Linienmaschine in der Nähe von Neu-Delhi am 12. November 1996. Beide Flugzeuge zerschellten in der Luft.

DIE GRÖSSTEN FLUGZEUGKATASTROPHEN

EMPIRE STATE BUILDING, NEW YORK, USA

28. JULI 1945

Im Juli 1945 – der Krieg in Europa war vorbei, und der Krieg im Pazifik näherte sich seinem Ende – kehrten nach und nach Hunderte von Flugzeugen von ausländischen Stützpunkten in die USA zurück. Die USA hatten während des Kriegs über 11 000 B-25-Mittelstreckenbomber; nach dem Krieg dienten viele davon als Forschungsstationen.

Am 28. Juli startete Lt. Col. William Smith, ein hochdekorierter Weltkriegsveteran und erfahrener Pilot, der viele Flugstunden hinter sich hatte, um 8.55 Uhr vom Bedford Field Aerodrome nördlich von Boston. Mit 27 Jahren war er einer der jüngsten Oberstleutnants der Luftwaffe und hatte den Ruf eines Draufgängers, daran gewöhnt, sich durchzusetzen.

Links: *Das Empire State Building in New York. Der von Lt. Col. William Smith gesteuerte B-25-Bomber raste in das 79. Stockwerk des Wolkenkratzers und verursachte schwere Schäden an dem Wahrzeichen der Stadt.*

KOLLISIONEN

Oben: Einer der 11 000 im Zweiten Weltkrieg für die US-Streitkräfte gebauten B-25-Mittelstreckenbomber. Eine solche B-25 raste am 28. Juli 1945 in das Empire State Building.

Rechts: Unter den Wrackteilen des Bombers fand man den Propeller.

Smith konnte über 50 Kampfeinsätze mit der „Fliegenden Festung" B-17 vorweisen, flog aber erst zum zweiten Mal eine B-25, die leichter und schneller war. An diesem Morgen flog Smith ohne die Unterstützung eines Navigators.

Er hatte den Auftrag, einige Heeresoffiziere vom Flughafen Newark in New Jersey abzuholen, wohin er sie am Abend zuvor gebracht hatte. Berichte über schlechtes Wetter in Newark bedeuteten jedoch, daß die meisten der Flugzeuge, die an diesem Morgen dort landeten, um Hilfe bei ihrem instrumentengestützten Anflug baten, was zu einem Rückstau des ankommenden Verkehrs führte. Trotzdem beschloß Smith weiterzufliegen, und er erreichte New York nach etwa 50 Minuten. Wegen des großen Verkehrsstaues verweigerte man ihm anfangs die Landeerlaubnis. Smith versuchte, den unter starkem Streß stehenden Fluglotsen von Newark zu überreden, ihm die Landeerlaubnis zu erteilen. Dabei verließ er sich einzig auf seine Fähigkeit, den Gleitpfad und die Rollbahn im Sichtflug zu finden.

Undurchdringlicher Nebel, der vom Meer aufstieg, hatte die Sichtweite in New York auf 200 Meter verringert. Als die B-25 über New York kreiste, verlor Smith im Nebel offenbar die Orientierung. Büroangestellte in den Wolkenkratzern berichteten, wie sie die Maschine hilflos durch den Betondschungel irren sahen. Ohne die Hilfe eines Cockpit-Tonaufzeichnungsgerätes und eines Flugschreibers läßt sich schwer sagen, warum Lt. Col. Smith so weit von seinem Kurs abkam.

Ungefähr um 10.00 Uhr schlug das Flugzeug in etwa 300 Meter Höhe in den 79. Stock des Empire State Building ein. Wrackteile schossen durch das Gebäude und durchschlugen massive Wände; brennendes Benzin ergoß sich über den Boden. Eines der Triebwerke durchtrennte das Kabel in einem Aufzugschacht und ließ den Lift zusammen mit der Aufzugführerin über 300 Meter bis ins Untergeschoß stürzen. Unglaublicherweise retteten die Frau die riesigen Federn, die für ebensolch einen Fall dort montiert worden waren.

Brennende Flugzeugteile stürzten auf die Straße. Auf wundersame Weise kamen bei dieser Katastrophe nur 13 Menschen ums Leben, einschließlich der drei Insassen des Flugzeugs.

Die grössten Flugzeugkatastrophen

Grand Canyon, Arizona, USA
30. Juni 1956

Die große Zahl von Flugreisen strapazierte in den 50er Jahren die Kapazitäten der amerikanischen Luftverkehrsüberwachung. Trotz des Einsatzes von professionellen Fluglotsen seit 1929 hatte das System nicht mit dem größeren Verkehrsaufkommen auf inneramerikanischen Strecken Schritt halten können. Die United Airlines-TWA-Kollision im Juni 1956 war der Unfall im Bereich der zivilen Luftfahrt, der in diesem Jahrzehnt die meisten Menschenleben forderte, und zeigte auch die Unzulänglichkeiten dieses Systems auf.

Die Super Constellation, die am Zusammenstoß beteiligte TWA-Maschine, wurde 1951 in Dienst gestellt. Die Douglas DC-7, das Flugzeug der United Airlines, war im Auftrag der American Airlines als Konkurrentin der TWA-Super Constellation entwickelt worden.

Es war später Vormittag am 30. Juni, einem Samstag, als die TWA-Super Constellation bei guten Bedingungen vom internationalen Flughafen in Los Angeles, Kalifornien, zu einem planmäßigen Flug nach Kansas startete, der anschließend nach Washington, D. C. führen sollte.

Links: Der Grand Canyon in Arizona bietet eine spektakuläre Aussicht. Die Passagiere der TWA-Super Constellation und der DC-7 der United Airlines schauten vermutlich gerade auf die atemberaubende Aussicht, als ihre Maschinen miteinander kollidierten.

KOLLISIONEN

Oben: Diese Luftaufnahme zeigt, wo das Wrack der DC-7 (oberer Pfeil) und wo die Constellation (unterer Pfeil) gefunden wurde.

Rechts: Über den Steilhang des Canyons verstreute Teile der Constellation

Ein paar Minuten später folgte ihr die DC-7 der United Airlines mit Kurs auf Chicago, Illinois, wo ein Zwischenstopp vor dem letzten Teil des Fluges nach Newark, New Jersey, anstand. Die schnellere DC-7 stieg auf eine Reisehöhe, die geringfügig höher war als die der Super Constellation, und beide Maschinen machten sich auf den Weg über die Mojave-Wüste. Als der Pilot der TWA-Constellation über der Wüste auf Wolken stieß, bat er die Flugsicherung in Los Angeles, auf 6 400 Meter steigen zu dürfen. Da die DC-7 der United Airlines in dieser Höhe in derselben Richtung flog, lehnte man die Bitte der Constellation ab.

Fatalerweise erhielt der Pilot der Constellation aber die Erlaubnis, über der Wolkendecke zu fliegen, was ebenfalls eine Flughöhe von etwa 6 400 Metern bedeutete. Da sie in leicht voneinander abweichenden Richtungen flogen, mußten sich die zwei Maschinen treffen. Nach Verlassen des Kontrollbezirkes der Flugleitung von Los Angeles befanden sich die beiden Flugzeuge in unkontrolliertem Luftraum und waren gezwungen, nach Sichtflugbestimmungen zu fliegen, so daß es allein in der Verantwortung der Piloten lag, anderen Maschinen in diesem Gebiet fernzubleiben. Dennoch war es ein Fehler des für beide Flüge verantwortlichen Fluglotsen, die Besatzungen nicht über weitere Bewegungen in diesem Gebiet zu informieren.

Nichts deutete hin auf eine drohende Kollision, und die Passagiere der TWA-Maschine spähten wahrscheinlich gerade durch die Wolken, um einen Blick auf die atemberaubende Landschaft des Grand Canyon zu erhaschen, als der Zusammenstoß passierte. Die DC-7 befand sich im Sinkflug – wahrscheinlich versuchte ihr Kapitän, seinen Fluggästen eine bessere Aussicht zu bieten. Das Heck der Super Constellation wurde beim Zusammenprall abgerissen und das Ende der Backbordtragfläche der DC-7 zerstört.

Die Constellation stürzte beinahe senkrecht mit der Unterseite nach oben in den Canyon. Die DC-7 schlug etwa anderthalb Kilometer entfernt in den Steilhang der Canyonwand. Alle 58 Personen an Bord der DC-7 und alle 70 Insassen der Constellation kamen zu Tode.

DIE GRÖSSTEN FLUGZEUGKATASTROPHEN

NEW YORK, USA
16. DEZEMBER 1960

Vier Jahre nach der Kollision der Douglas DC-7 der United Airlines und der TWA-Super Constellation über dem Grand Canyon ereignete sich ein ähnlicher Unfall über dem New Yorker Distrikt Brooklyn. Beteiligt daran waren dieselben Fluggesellschaften und praktisch identische Maschinen; auch die Zahl der Todesopfer war dieselbe. Immer noch war das amerikanische Flugverkehrskontrollsystem mit Problemen behaftet.

Die DC-8 der United Airlines befand sich nach einem planmäßigen Flug von Chicago im Anflug auf den Internationalen Flughafen von New York. Die Wetterbedingungen waren schlecht, und die Sichtweite auf ein Maß reduziert, das die Crew zwang, die Maschine nach den Instrumenten zu fliegen.

Die Lockheed Super Constellation der TWA war in Dayton, Ohio, gestartet und sollte in La Guardia, New Yorks zweitem Großflughafen, landen. Am 16. Dezem-

Unten: Höhenruder und Tragfläche der Douglas-Maschine sind auf eine Straße in Brooklyn gestürzt.

KOLLISIONEN

Rechts: Der Aufprall der explodierenden Douglas DC-8 verwüstete die Gegend der Park Slope in Brooklyn.

ber 1960 um 10.33 Uhr stießen die zwei Flugzeuge während ihres Zielanflugs in den Wolken über dem Miller-Armeeflugplatz auf Staten Island zusammen.

Die DC-8 der United Airlines stieß von hinten in den oberen Teil des Rumpfes der Constellation, wodurch diese in drei Teile zerbrach und aus 1 500 Metern Höhe auf Staten Island herabfiel. Die schwer beschädigte DC-8 flog noch über 13 Kilometer weiter, ehe sie in der Gegend der Park Slope in Brooklyn einschlug.

Die folgende Explosion verursachte schwere Schäden an den umliegenden Gebäuden und tötete sechs Personen am Boden. Ein elfjähriger Junge überlebte den Absturz des Flugzeuges, erlag aber bald danach im Krankenhaus seinen Verletzungen, wodurch sich die Zahl der Todesopfer auf 134 erhöhte.

Links: Während der Aufräumarbeiten nach dem katastrophalen Absturz auf die Straßen Brooklyns werden Wrackteile der DC-8 auf einen Lastwagen geladen.

Die grössten Flugzeugkatastrophen

TENERIFFA, KANAREN
27. MÄRZ 1977

Oben: Eine solche Maschine vom Typ Boeing 747 der KLM war an der Katastrophe beteiligt.

Als sich die Nachricht von diesem Unfall am frühen Abend des 27. März 1977, der ein Sonntag war, auf der Ferieninsel Teneriffa herumsprach, strömten die Menschen in die örtlichen Krankenhäuser und boten bereitwillig ihre Hilfe als Blutspender an. Trotz ihrer Bemühungen und der Anstrengungen der Rettungsmannschaften, die zum Unglücksort auf dem Los-Rodeos-Flughafen eilten, wurde diese Katastrophe der schlimmste Unfall in der Geschichte der kommerziellen Luftfahrt. Das durch den Zusammenstoß zweier Großflugzeuge verursachte Inferno auf dem Rollfeld brannte zwei Tage später noch. Insgesamt starben 583 Menschen.

Beide Flugzeuge, die Boeing 747 („Rhein") der Royal Dutch Airlines (KLM) und die 747 („Clipper Victor") der Pan American, waren nach einem Bombenanschlag an ihrem planmäßigen Ziel Las Palmas auf der Nachbarinsel Gran Canaria nach Los Rodeos auf Teneriffa umgeleitet worden.

Das niederländische Flugzeug kam mit 246 Passagieren und elf Besatzungsmitgliedern an Bord aus Amsterdam. Die PanAm-Maschine war in Los Angeles gestartet. Während eines Zwischenstopps in New York wurde die neunköpfige Besatzung ausgewechselt, und weitere 103 Passagiere stiegen für den Flug nach Las Palmas zu, wodurch die Gesamtzahl der Fluggäste auf 378 stieg. Beide Maschinen näherten sich dem Ende ihrer Reise, als der Flughafen von Las Palmas aufgrund des Bombenattentats geschlossen wurde. Die Besatzungen beider Maschinen wurden angewiesen, statt dessen das etwa 110 Kilometer nordwestlich gelegene Teneriffa anzusteuern. Am Sonntagnachmittag landeten sie dort im Abstand von 30 Minuten.

Es lag auf der Hand, daß der Flughafen in Las Palmas in absehbarer Zeit nicht wieder öffnen würde, und so ließ der niederländische Kapitän seine Fluggäste von Bord gehen. Er war sich außerdem im klaren darüber, daß seine Crew durch die Verzögerung möglicherweise die zulässige Höchstanzahl an Dienststunden überschreiten würde, und unterrichtete die KLM-Zentrale in Amsterdam über seine Bedenken. Die Amsterdamer Zentrale bestätigte ihm, daß seine Crew ihr Dienststundenlimit überschreiten würde, wenn sie Las Palmas für den Rückflug nicht bis 19.00 Uhr am selben Abend verlassen würde. Dies wissentlich zu tun zöge jedoch eine strafrechtliche Verfolgung nach sich, und folglich würde kaum ein erfahrener Pilot etwas Derartiges riskieren. Die „Clipper Victor" der PanAm landete um 14.15 Uhr in Los Rodeos, doch beschloß der Kapitän seine Passagiere an Bord zu behalten. Wegen des erhöhten Verkehrsaufkommens in Los

KOLLISIONEN

Rodeos an diesem Tag und aufgrund des üblichen dichtgedrängten Wochenendterminplans wurden Flugzeuge auf jeder verfügbaren Fläche abgestellt. Sowohl die unbesetzte „Rhein" als auch die „Clipper Victor" waren direkt neben Runway 12 auf einer ausgewiesenen Warteflächen geparkt.

Nur 15 Minuten nach der Landung der „Clipper Victor" wurde Las Palmas wieder freigegeben, und die Flugzeuge in Los Rodeos machten sich nach und nach auf den Flug zur Nachbarinsel. Sehr zum Mißfallen der Crew der „Clipper Victor" war ihre Maschine hinter der niederländischen geparkt worden. Bevor deren Passagiere wieder an Bord waren, konnte das amerikanische Flugzeug nicht abheben. Schließlich wurden auch noch Verzögerungen in Las Palmas gemeldet.

Der niederländische Kapitän ließ dann die „Rhein" in Los Rodeos betanken, um die Abfertigung in Las Palmas zu beschleunigen und den knappen Zeitplan einzuhalten. Dies verärgerte den Kapitän der „Clipper Victor", der mittlerweile seit über zehn Stunden im Dienst war. Im Laufe des Nachmittags verschlechterte sich das Wetter; leichter Regen und Nebel reduzierten die Sichtweite zeitweise auf 300 Meter.

Erst kurz vor 17.00 Uhr waren beide Maschinen bereit zum Abflug. Wegen der Windrichtung wurden die Besatzungen aufgefordert, vom Wartebereich an das andere Ende der 3,2 Kilometer langen Startbahn zu rollen. Die Sicht hatte sich so stark verschlechtert, daß die niederländische Crew Probleme hatte, beim Rollen entlang des Runways ihre Position zu halten. Der spanische Lotse im Kontrollturm konnte das Flugzeug kaum sehen. Die „Rhein" erreichte das Ende der Startbahn, vollführte eine 180°-Wendung und meldete dem Tower über Funk ihre Startbereitschaft.

Ohne die Startfreigabe erhalten zu haben oder vielleicht auch, weil sie fälschlicherweise glaubte, sie erteilt bekommen zu haben, begann die Flugbesatzung der „Rhein" mit der Startbeschleunigung.

Im Cockpit der „Clipper Victor", die noch immer in der entgegengesetzten Richtung rollte, beeilte man sich, die Startbahn zu räumen. Entsetzt sah die Besatzung dann die riesige Boeing aus der Dunkelheit auf sich zurasen. Der Pilot gab vollen Schub und versuchte verzweifelt, der Boeing auszuweichen.

Im Cockpit der „Rhein" riß der Kapitän die Lenksäule nach hinten und schleifte beim Versuch hoch-

Unten: Die brennende PanAm 747, die bei nebligem Wetter auf der Startbahn mit der KLM 747 zusammengestoßen war.

Rechts: *Untersuchungen nach der schlimmsten Katastrophe in der Geschichte der kommerziellen Luftfahrt*

Unten: *Das zerstörte Hecktriebwerk und Fahrwerkteile der KLM-747*

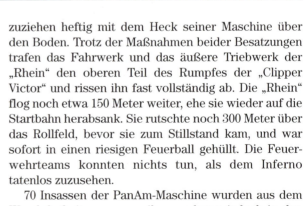

zuziehen heftig mit dem Heck seiner Maschine über den Boden. Trotz der Maßnahmen beider Besatzungen trafen das Fahrwerk und das äußere Triebwerk der „Rhein" den oberen Teil des Rumpfes der „Clipper Victor" und rissen ihn fast vollständig ab. Die „Rhein" flog noch etwa 150 Meter weiter, ehe sie wieder auf die Startbahn herabsank. Sie rutschte noch 300 Meter über das Rollfeld, bevor sie zum Stillstand kam, und war sofort in einen riesigen Feuerball gehüllt. Die Feuerwehrteams konnten nichts tun, als dem Inferno tatenlos zuzusehen.

70 Insassen der PanAm-Maschine wurden aus dem Wrack befreit, neun von ihnen erlagen jedoch in den Wochen danach noch ihren Verletzungen, wodurch sich die grausige Bilanz auf insgesamt 583 Todesopfer erhöhte.

KOLLISIONEN

LOS ANGELES, USA
31. AUGUST 1986

Die Freizeitfliegerei ist in Südkalifornien sehr beliebt, und die Piloten von Propellermaschinen pochen leidenschaftlich auf ihr Recht, den Luftraum über dem Staat zu nutzen. Jedoch sind nur wenige der Propellerflugzeuge, die von den zahlreichen Flugplätzen der Gegend aus starten, mit hochentwickelten Instrumenten ausgestattet, und die an diesem Unfall beteiligte Piper Archer, ein einmotoriger Eindecker, war keine Ausnahme. Sie trug eine nichtkodierte Version eines Transponders an Bord, die die Höhe des Flugzeuges auf dem Radarschirm eines Fluglotsen nicht anzeigt.

Minuten vor dem Zwischenfall hatte sich der Pilot der Piper auf die Route eines kommerziellen Passagierjets verirrt. Obwohl die Flugleitung in Los Angeles dieses Eindringen bemerkt hatte, wurde die Aufmerksamkeit des verantwortlichen Lotsen durch ein zweites Leichtflugzeug abgelenkt, das sich in den Flugraum um den Terminal verirrt hatte. Eine McDonnel Douglas DC-9 der Aeromexico auf dem letzten Abschnitt ihres Fluges von Mexiko-Stadt nach Los Angeles hatte ihren Landeanflug fast beendet, als sie mit der Piper kollidierte.

Das Höhenruder der DC-9 schlitzte das kleinere Flugzeug auf und tötete den Piloten und die zwei Passagiere – seine Frau und seine Tochter. Bei der gewaltigen Kollision wurde ein Teil des Höhenruders der mexikanischen Maschine abgerissen, wodurch sie sich umdrehte und in einem Winkel von 45° niederging.

Die DC-9 stürzte auf ein Wohngebiet am Rand von Los Angeles, explodierte und ging in Flammen auf. Alle 64 Personen an Bord wurden getötet, weitere 15 Menschen am Boden starben. Trümmer stürzten auf einen Schulhof, doch gab es wie durch ein Wunder keine weiteren Opfer.

Rechts: Dieses Bild bot sich, nachdem eine DC-9 mit einem privaten Eindecker zusammengestoßen und in einen Vorort von Los Angeles gestürzt war.

Die grössten Flugzeugkatastrophen

Ramstein, Deutschland
28. August 1988

Bei militärischen Schaudarbietungen im Formationsflug wollen Luftwaffenpiloten aus aller Welt einander beeindrucken und ausstechen. Die Möglichkeiten der Maschinen werden oft auch ausgereizt, um potentielle Kunden zu beeindrucken. Kurz gesagt, solche Darbietungen prägen das Bild der Luftwaffe eines Landes in der Öffentlichkeit.

Der Konkurrenzkampf um einen der begehrten Plätze in Staffeln wie den britischen Red Arrows oder den italienischen Frecce Tricolori ist enorm, aber nur überaus erfahrene Piloten werden dafür ausgewählt.

Die Frecce-Tricolori-Staffel der italienischen Luftwaffe näherte sich dem Ende ihrer Vorführung vor einem 100 000 Menschen zählenden Publikum aus deutschen Besuchern und amerikanischen Militärangehörigen auf dem Nato-Luftstützpunkt Ramstein, als es geschah.

Um 15.35 führte die Staffel ein Überkreuz-Manöver vor, als der alleinfliegende Leitpilot, Oberstleutnant Ivo Nutallari, mit der Hauptformation kollidierte, die in enger Formation an den Zuschauern vorbeiflog. Hochentzündliches Flugbenzin und brennende Trümmer regneten auf den Boden und schlugen eine Schneise in die Menge, wobei 30 Zuschauer und die drei in die Kollision verwickelten Piloten getötet wurden und mindestens 60 weitere Zuschauer teilweise schwerste Verletzungen erlitten. 13 Zuschauer starben später im Krankenhaus. Später kam heraus, daß die Staffel eine eiserne Regel gebrochen hatte, nämlich bei einem Manöver keinesfalls auf die Zuschauer zuzufliegen.

Unten: Die Frecce Tricolori bei ihrer Vorführung auf der Flugschau in Ramstein, unmittelbar vor dem tödlichen Unfall

KOLLISIONEN

KANTON, CHINA
2. Oktober 1990

Oben: Das Wrack eines chinesischen Passagierjets nach der Kollision mit einer entführten Maschine auf dem Bayin-Flughafen

In diese Bodenkollision in China waren drei Maschinen verwickelt, von denen eine zuvor entführt worden war: eine Boeing Advanced 737 der Xiamen Airlines, eine 707 der China Southwest Airlines und eine 757 der China Southern Airlines.

Die chinesischen Behörden geben selten Informationen über Flugzeugunglücke preis, an denen die etwa zwölf Fluglinien beteiligt sind, die von China aus fliegen. Allerdings kann China auch auf eine beispielhafte Bilanz in puncto Luftsicherheit verweisen, und dieses Unglück, das schwerste in der Geschichte der Luftpiraterie, kann nur zu einem kleinen Teil auf das Vorgehen der Bodenkontrolle des Flughafens Baiyin zurückgeführt werden. Die Hauptschuld lastet auf dem Entführer selbst. Seine Verzweiflungstat kostete das Leben von 132 unschuldigen Menschen.

Xiamen Airlines, eine der jüngeren Gesellschaften in China, befliegt regelmäßig eine Reihe von Inlandsstrecken. Eine Boeing Advanced 737 aus der Xiamen-Flotte befand sich auf einem routinemäßigen Flug von Xiamen in der Provinz Fujian nach Kanton, welches 370 Kilometer südwestlich liegt. Zu einem nicht bekannten Zeitpunkt während des Fluges teilte ein junger Mann dem Begleitpersonal mit, daß er eine Sprengladung am Körper trug, und wies den Piloten an, Taiwan anzusteuern, wo er vermutlich politisches Asyl beantragen wollte.

Der Entführer schickte bis auf den Piloten die gesamte Flugbesatzung aus dem Cockpit. Der Pilot versuchte, vernünftig mit dem jungen Mann zu reden, und erklärte ihm wahrheitsgemäß, daß die 737 nicht genügend Treibstoff für den Flug nach Taiwan hatte. Als Kompromiß bot der Kapitän an, nach Hongkong zu fliegen, doch stießen seine Bitten auf taube Ohren. Die Maschine setzte ihren Kurs auf Kanton fort und begann dann zu kreisen, während der Kapitän vergeblich versuchte, den Entführer von der Sinnlosigkeit seiner Forderungen zu überzeugen.

Die Verhandlungen zogen sich einige Zeit hin, bis Warnsignale wegen Treibstoffknappheit im Cockpit ertönten. Der Kapitän hatte somit keine andere Möglichkeit mehr, als auf dem Kantoner Flughafen Baiyin eine Landung zu versuchen.

Kurz vor dem Aufsetzen versuchte der Entführer offenbar, die Kontrolle über das Flugzeug an sich zu reißen, wodurch dieses hart auf der Landebahn aufsetzte und nach links in eine Wartefläche abdriftete. Bei noch immer beträchtlicher Geschwindigkeit schlitzte die rechte Tragfläche der 737 den vorderen Rumpf einer abgestellten 707 der China Southwest Airlines auf. Deren Pilot, der sich zu Vorbereitungschecks im Cockpit aufhielt, wurde nur leicht verletzt.

Eine 757 der China Southern Airlines, die auf die Startfreigabe für einen planmäßigen Flug nach Schanghai wartete, stand dem außer Kontrolle geratenen Jet ebenfalls im Wege. Die 737 stieß mit der linken Tragfläche und dem oberen Mittelteil des Rumpfes des 757 zusammen, überschlug sich und kam schließlich zum Stillstand. Von den 104 Passagieren der Xiamen 737 kamen 84 bei dem Unglück zu Tode, zusammen mit 47 Menschen in der 757 und einem Fahrzeugführer.

DIE GRÖSSTEN FLUGZEUGKATASTROPHEN

CHARKHI DADRI, NAHE NEU-DELHI, INDIEN
12. NOVEMBER 1996

Oben: Feuerwehrleute versuchen, die saudische Boeing 747 zu löschen, die am 12. November 1996 mit einem kasachischen Transportflugzeug in der Luft kollidiert war.

Die Iljuschin IL-76 wurde Ende der 60er Jahre entwickelt und war ein Flugzeug, das 40 Tonnen Fracht in die Randbezirke der Sowjetunion transportieren konnte, wo es oft nur behelfsmäßige Landepisten gab. Sie wurde 1975 in den Dienst gestellt. Später gingen viele ehemalige Aeroflot-Maschinen an die Kazakhstan Airlines über.

Am Abend des 12. November, der ein Dienstag war, startete eine saudische Boeing 747 gegen 18.30 Uhr von Neu-Delhi aus nach Riad in Saudi-Arabien. Viele der

KOLLISIONEN

Rechts: *Beim Zusammenprall zerbrachen die beiden Flugzeuge noch in der Luft, und die Trümmer verteilten sich über ein großes Gebiet.*

Links: *Polizisten vor dem Dorf Charkhi Dadri neben den Trümmern des kasachischen IL-76-Frachtflugzeugs*

289 Passagiere waren indische Gastarbeiter, die zur Arbeit nach Saudi-Arabien zurückflogen. Die Crew bestand aus 23 Personen. Die ankommende Maschine der Kazakhstan Airlines, eine Iljuschin IL-76, näherte sich dem Ende ihres Fluges, der in Kasachstan begonnen hatte. An Bord befanden sich zehn Besatzungsmitglieder, 27 Passagiere und eine beträchtliche Frachtlast.

Um 18.40, als der auf Reisehöhe steigende saudische Jet gerade 4 200 Meter erreicht hatte, stieß die riesige IL-76 mit ihm zusammen. Beide Flugzeuge brachen beinahe sofort auseinander.

Die Wrackteile verteilten sich über ein weites Gebiet nahe dem Dorf Charkhi Dadri, knapp 100 Kilometer westlich von Neu-Delhi. Alle Insassen beider Maschinen – 349 Menschen – kamen ums Leben.

WETTER

Eine der größten Gefahren für die Flugsicherheit ist das oft völlig unberechenbare Wetter. In der Regel ist ein erfahrener Pilot auch ein geschickter Meteorologe und zum Beispiel in der Lage, das Risiko eines Tropensturms einzuschätzen oder zu beurteilen, wie sich starker Gegenwind auf den Treibstoffverbrauch oder wie sich die Höhe eines Flughafens auf den Startvorgang auswirkt. In der modernen Luftfahrt kann die Flugbesatzung auf eine Reihe ausgeklügelter Wetterradarsysteme an Bord und am Boden zurückgreifen, die mit Hilfe globaler vernetzter Satelliten die aktuellsten Daten zu jedem Punkt der Flugroute übertragen.

In den letzten beiden Jahrzehnten des 20. Jahrhunderts hat die moderne Technologie sicherlich dazu beigetragen, den Einfluß ungünstiger Wetterbedingungen auf die Luftfahrt zu reduzieren. Das war nicht immer so. Einige Wetterphänomene waren viele Jahre lang praktisch unberechenbar. Eines der berüchtigtsten, der sogenannte „Microburst", führte zu zwei der hier beschriebenen Katastrophen. Erst vor kurzem haben Wissenschaftler dieses Phänomen zu verstehen begonnen und zuverlässige Frühwarnsysteme ermöglicht.

Eis war der Feind der Flugpioniere und kann in kalten Regionen auch heute noch eine große Gefahr darstellen, wenn nicht die richtigen Vorkehrungen getroffen werden. In den 70er Jahren wurde dies deutlich, als ein Flugzeug, dessen Pilot so gut wie keine Flugerfahrung bei großer Kälte besaß, kurz nach dem Start wegen Tragflächenvereisung abstürzte.

Rechts: *Das Wrack der DC-10 der Arrow Air, die im Winter 1985 mit vereisten Tragflächen über Neufundland (Kanada) abstürzte.*

DIE GRÖSSTEN FLUGZEUGKATASTROPHEN

ALLONNE, NORDFRANKREICH
5. OKTOBER 1930

In den 20er Jahren wurde in Großbritannien viel Zeit und Geld in ein ehrgeiziges Luftschiffahrtprogramm investiert. Denn Luftschiffe schienen aufgrund der großen Entfernungen, die sie zurückzulegen vermochten, die ideale Verkehrsverbindung im riesigen Britischen Empire zu sein.

1924 waren zwei Luftschiffe, die R100 und die R101, in Planung. Die gigantische R101, die in den Royal-Airship-Werken in Cardington gebaut wurde, sollte nach den Entwürfen 220 Meter lang und 19 Meter hoch werden und in der Lage sein, die etwa 7 200 Kilometer zum indischen Subkontinent mit einer Nutzlast von etwa 30 Tonnen zurückzulegen, bestehend aus Passagieren, Gepäck und auch Postfracht.

Während der ersten sechs Jahre stieß das Entwicklungsprogramm immer wieder auf Schwierigkeiten. Die Gaszellen rieben sich an dem starren Rahmen und rissen. Noch dazu war das riesige Luftschiff schwerer als von den Konstrukteuren vorgesehen, wodurch sie immer wieder gezwungen waren, Gewicht einzusparen. Unter anderem wurden zwei der Toiletten aus der Passagiergondel entfernt. Um die Steigfähigkeit zu erhöhen, wurde die Konstruktion um 16 auf nunmehr 236 Meter verlängert.

Als die R101 im September 1930 endlich in Cardington verankert war und auf ihre Jungfernfahrt nach Indien wartete, hatte man den ursprünglichen zeitlichen und finanziellen Rahmen längst überschritten. Die erwartungsvolle britische Presse und der Minister für Luftfahrt, Lord Cardington, priesen das Luftschiff weiterhin als einen Triumph der britischen Luftfahrt. Sicherlich war die R101 ein beeindruckender Anblick und angesichts der ehrgeizigen Vorgaben, die die Ingenieure umzusetzen hatten, ein Triumph über viele Widrigkeiten – aber sie wurde nie sorgfältig getestet. Ehe das Luftschiff die Reise nach Indien antrat, hatte man nur einen einzigen Testflug für nötig befunden – bei nahezu optimalem Wetter.

Am frühen Abend des 4. Oktober 1930 gingen die 54 Passagiere an Bord der R101, darunter hochrangige Repräsentanten des Luftfahrtministeriums und des Luftschiffprogramms. Das Luftschiff war, so unglaublich dies auch wirken mag, erst wenige Minuten vor dem Start für flugtauglich erklärt worden. Gegen 19.00 Uhr erhob sich das riesige Schiff in die Luft und schlug einen südöstlichen Kurs nach Paris ein.

Unmittelbar nach dem Start gab es bereits Probleme mit einem der Motoren, der daraufhin abgeschaltet wurde. Mit nicht viel mehr als 60 Stundenkilometern überflog die R101 London und drei Stunden nach dem Abflug die englische Küste nahe Hastings. Das Wetter hatte sich erheblich verschlechtert, und das Luftschiff hatte mit starken Winden zu kämpfen. Als es vom Kurs nach Osten abkam, bemerkten die Techniker, daß der Regen, den die Außenhaut aufgesogen hatte, das Gewicht der R101 um fast drei Tonnen erhöht hatte. Auch weiterhin behinderte starker Gegenwind die Fahrt des Luftschiffs.

Oben: *Das ausgebrannte Wrack der R101 auf einem Abhang in der Nähe von Allonne/Nordfrankreich*

WETTER

Oben: *Rettungskräfte tragen eine Leiche von der Absturzstelle der R101.*

Links: *Nach dem Brand war von dem Luftschiff, außer dem Leichtmetallrahmen, nicht mehr viel übrig.*

Wenige Minuten nach 02.00 Uhr riß die Außenhaut im Bereich der Nase. Kurz darauf platzten die beiden vorderen Gaszellen, und als das Gas aus den Rissen strömte, sackte die Nase der R101 ab. Der diensthabende Kommandant schließlich besiegelte das Schicksal vieler Passagiere mit dem Befehl, die Motorleistung zu reduzieren. Der durch die Vorwärtsbewegung erzeugte aerodynamische Auftrieb, der dem Luftschiff vielleicht erlaubt hätte, die Fahrt fortzusetzen, kam so zum Erliegen.

In der Nähe des Dorfs Allonne schlug die R101 um 02.09 Uhr auf einem Abhang auf. In der Steuergondel, die sich unmittelbar unter den Hauptgaszellen befand, brach Feuer aus. In Sekundenschnelle verschlangen die Flammen das ganze Luftschiff. Nur vier Techniker und ein Funker konnten sich retten.

Der Verlust der R101 führte in Großbritannien zum sofortigen Abbruch des gesamten ehrgeizigen Luftschiffahrtprogramms.

DIE GRÖSSTEN FLUGZEUGKATASTROPHEN

VOR DER KÜSTE VON NEW JERSEY, USA
4. APRIL 1933

Das USS-Luftschiff Akron und sein Schwesterschiff Macon waren so konstruiert, daß sie in einem Einflugschacht und einem Hangar Kampfflugzeuge transportieren konnten, die das Luftschiff beschützen und den Feind auskundschaften sollten. Die Reichweite von Flugzeugen war noch immer sehr gering, und ein fliegender Flugzeugträger hätte die ideale mobile Einsatzbasis der modernen Kriegsführung werden können.

Die Akron unterschied sich von den meisten deutschen Luftschiffen vor allem durch ein leichteres Gerüst und Motoren, die sich – da das Luftschiff mit nicht brennbarem Helium betrieben wurde – im Inneren des Schiffes befanden, was die Instandhaltung erleichterte und eine bessere Stromlinienform ermöglichte. Die acht Propeller der Akron befanden sich an Auslegern zu beiden Seiten des Schiffes.

Am 3. April 1933 geriet die Akron unter dem Kommando von Kapitän Frank McCord vor der Küste New Jerseys in ein Gewitter. An Bord befanden sich auch Konteradmiral William Moffett, Leiter der Luftfahrtabteilung der Marine, und Frederick Berry, Kommandant des Marineluftstützpunkts Lakehurst. Die Akron flog vor der Küste New Jerseys in eines der heftigsten Unwetter der letzten Jahre. Wegen starken Windes, dichter Bewölkung und Bodennebels konnte der Navigator nicht die Position der Akron bestimmen.

Links: *Das USS-Luftschiff Akron sollte Kampfflugzeuge über große Entfernungen zum Einsatzort befördern.*

WETTER

Rechts: *Die Akron im Jahr vor der Katastrophe*

Unten: *Das Wrack der Akron treibt in der stürmischen See vor New Jersey.*

Der Kapitän beschloß, zurück zur Küste zu fliegen, konnte aber keine Lücke in der Sturmfront ausmachen. Es wurde der Befehl erteilt, wieder aufs Meer zu fliegen und das Ende des Unwetters abzuwarten. Schließlich fand die Akron eine ruhigere Zone.

Um 00.15 wurde sie aber von einer starken Böe herumgeschleudert. Die Windstille um das Luftschiff erwies sich als Zentrum des Sturms. Als das schwere Schiff wieder aus dem Zentrum heraustrat, ließen es stürmische Winde vehement schlingern. Es geriet in einen Fallwind und wurde fast 300 Meter in die Tiefe gesogen. Nur indem man Wasserballast abwarf und volle Kraft gab, konnte der Sinkflug gestoppt werden.

Das Schiff gewann wieder für kurze Zeit an Höhe, wurde aber immer wieder nach unten gezogen, bis die Wucht des Sturms es schließlich auseinanderriß. Als die Akron die Kontrolle über ihre Seitenleitwerke verlor, stürzte sie in die eiskalten Fluten des Atlantiks.

Es gab keine Rettungswesten an Bord, auch war nicht Zeit, das einzige Rettungsfloß auszusetzen. Von den 76 Besatzungsmitgliedern ertranken 72, unter ihnen die drei Offiziere.

DIE GRÖSSTEN FLUGZEUGKATASTROPHEN

MÜNCHNER FLUGHAFEN, DEUTSCHLAND
6. FEBRUAR 1958

Dieses Unglück erlangte weltweit traurige Berühmtheit, vor allem wegen der Passagiere, der „Busby Babes" von Manchester United – einer jungen Fußballmannschaft, die sich gerade in Belgrad für das Halbfinale des Europapokals qualifiziert hatte und sich auf dem Rückweg über München nach Manchester befand.

Hatte in Belgrad noch die Sonne geschienen, so fielen beim Landeanflug der Airspeed Ambassador 2 der British European Airways in München Schnee und Eisregen. In dichten Wolken sank die Maschine auf 5 400 Meter. Der Pilot aktivierte das Enteisungssystem, das Heck, Seitenleitwerke und Tragflächen auf 60 Grad anwärmte. Die Landung verlief ohne Zwischenfälle – abgesehen davon, daß Schneematsch aufspritzte.

Eine dicke Matschschicht bedeckte an diesem Tag die Rollbahnen des Flughafens, doch damals war über die Bremswirkung von verschmutzten Rollbahnen noch wenig bekannt. Obwohl der Matsch an den am stärksten befahrenen Stellen der Startbahn den Messungen zufolge nur einen Zentimeter tief war, kannte niemand die Bedingungen an ihrem Ende.

Nach dem Auftanken inspizierte der Pilot die Tragflächen. Eis auf den Tragflächen behindert den Luftstrom und kann so den Start beeinträchtigen. Da sich aber nur eine dünne Eisschicht auf den Tragflächen befand, die bereits auftaute, hielt der Pilot es für unnötig, sie zu enteisen. Die deutschen Behörden warfen ihm deswegen später Fahrlässigkeit vor.

Als die Maschine beim Start beschleunigte, rief unvermittelt der Kopilot, der die Maschine steuerte: „Start abbrechen!" Der Grund war ein zu starker plötzlicher Anstieg der Triebwerksleistung, der durch ein zu fettes Treibstoffgemisch entstanden war.

Nachdem ein defekter Motor einen weiteren Startabbruch verursacht hatte, beriet sich der Pilot mit dem Bodeningenieur. Der Vorschlag, die Motoren neu einzustellen, wurde verworfen, da dies die ganze Nacht gedauert hätte. Man entschloß sich zu einem letzten Versuch, bei dem man die Drosselklappen so langsam wie möglich öffnen würde.

Als die Besatzung die Drosselklappen vorsichtig öffnete, wurde ihr jedoch klar, daß die Landebahn nicht ausreichte, um abzuheben. Der Matsch, die Ursache des Problems, war genau an dem Punkt am tiefsten, an dem das Flugzeug die maximale Beschleunigung erreichen sollte.

Als das Bugrad bereits in der Luft war und Matsch gegen die Fenster der Passagiere spritzte, beschloß die

Oben: Eine BEA-Airspeed Ambassador. Eine Maschine dieses Typs verunglückte in München.

WETTER

Rechts: *Schnee und Eisregen behindern den Einsatz der Rettungsmannschaften.*

Unten: *Eine Woche nach dem Unglück werden im Rahmen der Untersuchung Wrackteile geborgen.*

Crew, den Start nicht mehr abzubrechen. Doch die Maschine erreichte nicht die zum Abheben nötige Geschwindigkeit. Als sie sich dem Ende der Startbahn näherte, konnte die Crew nur tatenlos zusehen, wie die Geschwindigkeit abfiel. Das Flugzeug war am Ende der Startbahn viel zu langsam, um abzuheben.

Hinter der Startbahn durchpflügte die Maschine den Schnee, durchbrach einen Holzzaun und schoß über eine Straße auf ein Haus und einen Baum zu. In ihrer Verzweiflung fuhr die Crew das Fahrwerk ein, um vielleicht doch noch abzuheben. Aber die linke Tragfläche und das Heck erfaßten das Haus, und der Baum riß das Cockpit auseinander. Als die Maschine nur 90 Meter hinter dem Haus in einen Holzschuppen raste, wurde das ganze Heck weggerissen. Das Vorderteil wurde noch 64 Meter weit über den Schnee geschleudert, ehe es auf einem Feld liegenblieb.

Von den 44 Insassen kamen 23 ums Leben, darunter acht „Busby Babes", vier Betreuer von Manchester United, acht Journalisten, ein jugoslawischer Passagier, ein Steward und der Kopilot. Der Pilot überlebte; nach einem jahrelangen Rechtsstreit zwischen ihm und den deutschen Behörden wurde die Bremswirkung von Schneematsch endlich ausgiebig erforscht und anerkannt. Dennoch wurden offiziell auch weiterhin vereiste Tragflächen als Unfallursache angegeben.

DIE GRÖSSTEN FLUGZEUGKATASTROPHEN

FUDSCHIJAMA, JAPAN
5. MÄRZ 1966

Vor diesem Absturz hatte es bei der British Overseas Airways Corporation (BOAC) in den 60er Jahren keinen Unfall mit Todesopfern gegeben – angesichts des immensen Passagierzuwachses, den die Gesellschaft verzeichnen konnte, eine bemerkenswerte Bilanz. Dies änderte sich auf tragische Weise, als am 5. März 1966 eine Boeing 707 der BOAC in 5 000 Metern Höhe in der Nähe des Gipfels des Fudschijama von heftigen Turbulenzen auseinandergerissen wurde.

Kapitän Bernard Dobson war am Tokioter Haneda-Flughafen zu einer 1 800-Kilometer-Flugetappe nach Hongkong gestartet, die Teil eines Fluges um die Welt war, der vier Tage zuvor in London begonnen hatte. Um seinen Passagieren einen Ausblick auf den Berg zu ermöglichen, wich er von der vorgegebenen Flugroute ab und flog nach Westen.

80 Kilometer südlich von Tokio geriet die Maschine in heftige Turbulenzen. Von starken Böen geschüttelt, begannen sich einzelne Teile vom Flugzeug zu lösen und abzufallen. Als die hintere Steuerfläche und das Rumpfende abrissen, geriet die Maschine außer Kontrolle. Während des Absturzes wurden auch der Rumpf und die Haupttriebwerke auseinandergerissen.

Die weit verstreuten Wrackteile und die Leichen der 124 Insassen wurden am Fuß des Berges geborgen.

Dieser Absturz erschütterte die Luftfahrtgemeinschaft, nicht zuletzt, weil er sich knapp 24 Stunden nach dem Unglück einer DC-8 der Canadian Pacific auf dem Haneda-Fluhafen ereignete, bei dem 64 Menschen ums Leben kamen

Unten: Japanische Soldaten suchen nach Überlebenden des Absturzes der BOAC-Boeing 707.

WETTER

NEW YORK, USA
24. JUNI 1975

Am 24. Juni 1975 hingen dunkle Wolken über dem John-F.-Kennedy-Flughafen. Ein Unwetter brachte Regen und starke, unberechenbare Winde – genau jene Bedingungen, unter denen es zu Fallböen kommen kann, einem Wetterphänomen, das von Fachleuten auch als „Microburst" bezeichnet wird.

Der Absturz der Boeing 727 der Eastern Airlines war einer von drei Zwischenfällen in den USA innerhalb von zehn Jahren, die auf Windscherungen und Fallböen zurückzuführen waren. Bei einem „Microburst" können starke Fallwinde ein Flugzeug plötzlich absakken lassen, was mitunter verheerende Folgen hat.

Am Nachmittag des 24. Juli war Flug 66 der Eastern Earlines planmäßig von New Orleans nach New York unterwegs. Die Crew nahm mit den Anfluglotsen des Kennedy-Flughafens Kontakt auf und erhielt Anweisung, Landebahn 22 zu benutzen. Die Piloten zweier Maschinen, die wenige Minuten zuvor die gleiche Landebahn benutzt hatten, berichteten von starken Windscherungen. In einem Fall sei es beinahe zu einem Unfall gekommen. Trotzdem hielt es der Tower nicht für notwendig, die Landebahn zu schließen.

Die Boeing war knapp zwei Kilometer vom Ende der Landebahn entfernt, als sie plötzlich von einem starken Aufwind in die Höhe gerissen wurde. Dieser verwandelte sich unvermutet in einen Fallwind, und gleichzeitig ließ auch der unterstützende Gegenwind nach. Das Flugzeug wurde nach unten gesogen, als der Fallwind noch stärker wurde.

Noch immer über 1 200 Meter vom Ende der Landebahn entfernt, erfaßte die 727 eine Reihe hoher Lichtmasten, die die Einflugschneise markierten. Einer von ihnen riß das Ende der linken Tragfläche ab. Die Maschine prallte gegen weitere Metallkonstruktionen und war schon fast zerstört, noch ehe sie den Boden berührte. Brennende Wrackteile fielen kaum 80 Meter vom Ende der Landebahn entfernt auf eine Straße. Von den Insassen kamen 109 Passagiere und sechs der Besatzungsmitglieder ums Leben; sieben Passagiere und zwei Stewardessen überlebten schwer verletzt.

Links: *Rettungskräfte durchsuchen die Überreste der Boeing 727. Bei dem Unglück am 24. Juni 1975 kamen 115 Menschen ums Leben.*

Die grössten Flugzeugkatastrophen

Washington, USA
13. Januar 1982

An einem bitterkalten Nachmittag im Januar, mitten in einem der strengsten Winter, die Amerika je erlebt hatte, kamen 78 Menschen ums Leben, als eine Boeing 727 der Air Florida gegen eine Brücke stieß und in die eisbedeckten Fluten des Potomac stürzte.

Nur vier Passagiere und eine Stewardeß, die im hinteren Teil der Maschine gesessen hatten, konnten sich befreien und am Heck festhalten, das als einziges noch aus dem Wasser ragte. 20 Minuten nach dem Absturz wurden sie von einem Helikopter der US Park Police vom Typ Bell Long Ranger aus dem eisigen Wasser gerettet. Zwei Passanten bewiesen Mut, als sie von der Brücke ins Wasser sprangen, um bei der verzweifelten Suche nach Überlebenden zu helfen. Einer von ihnen rettete eine Frau, die ohnmächtig geworden war und eine Rettungsleine losgelassen hatte.

Später kam man zu dem Schluß, daß Eis auf den Tragflächen und dem Lufteinlaß der Triebwerke die Hauptursache des Absturzes gewesen war. Obwohl man die 727 etwa 60 Minuten vor dem Unfall enteist hatte – wie bei großer Kälte üblich –, hatte sich in der Zwischenzeit eine neue Eisschicht bilden können, was schwerwiegende Folgen für die Flugtauglichkeit der Maschine hatte. Denn kurz nach dem Start überzog das Flugzeug deshalb und war dann für den Piloten nicht mehr zu halten.

Unten: Direkt nach dem Start auf dem Washingtoner National Airport stieß die Boeing 727 gegen eine Brücke. Rettungskräfte bringen Überlebende ans Ufer des vereisten Potomac.

NEW ORLEANS, USA
9. JULI 1982

Rechts: Eine Boeing 727 der Pan American. Eine Maschine dieses Typs verunglückte am 9. Juli 1982 kurz nach dem Start vom Moisant International Airport in New Orleans.

Der Begriff „Microburst" dürfte dem normalen Flugpassagier wenig sagen, aber bei Piloten ist das hier beschriebene Phänomen sehr gefürchtet. Der „Microburst" ist häufig eine Begleiterscheinung bei schweren Unwettern, und zwar immer dann, wenn sich eine Luftsäule mit hoher Geschwindigkeit abwärts bewegt und am Boden kreisförmig ausbreitet. Ein Flugzeug, das in einen „Microburst" gerät, kann schnell an Höhe verlieren. Die Besatzung ist meist machtlos.

Viele Jahre lang gab es für dieses Phänomen keine Erklärung. Der hier beschriebene Unfall hatte eine sorgfältige Untersuchung des „Microburst" zur Folge, was zur Entwicklung von Systemen führte, die vor bodennahen Windscherungen warnen. Auch wenn diese Systeme keine völlige Sicherheit garantieren, helfen sie, ähnliche Vorfälle zu vermeiden.

Die meisten modernen Flughäfen sind heute mit Systemen ausgestattet, die in der Lage sind, „Microbursts" zu erkennen. Diese Vorrichtungen befinden sich jeweils am Ende der Rollbahn und versorgen Fluglotsen mit Daten, die sie an jedes start- oder landebereite Flugzeug weiterleiten können. Leider war zum Zeitpunkt dieses Unfalls das System noch nicht ausgereift.

Im Süden der USA gibt es häufig plötzlich auftretende schwere Sommergewitter, die über dem Golf von Mexiko entstehen, ehe sie sich über das Mississippidelta ausbreiten. Ein solches Gewitter gab es am Nachmittag des 9. Juli 1982 in der Gegend von New Orleans. Auf dem Moisant International Airport wurde Flug 759 der Pan American – eine Boeing 727 – auf die zweite der drei geplanten Etappen der Reise von Miami nach San Diego vorbereitet.

Alle Vorbereitungen waren abgeschlossen, die Passagiere an Bord und die Maschine befand sich auf dem Weg zur Startbahn 10. Es regnete stark, die Wolkendecke lag bei 1 200 Metern, und die Sichtweite betrug rund drei Kilometer.

Nur fünf Minuten vor dem Start hatten die Meteorologen des Flughafens den Kapitän, der mit derartigen Bedingungen bereits reichlich Erfahrung hatte, vor möglichen Windscherungen gewarnt. Die Crew der 727 versuchte darüber hinaus, mit Hilfe des Wetterradars an Bord die Wetterlage auf ihrer Flugroute vorher-

DIE GRÖSSTEN FLUGZEUGKATASTROPHEN

Links: Wrackteile der Boeing liegen um ein Haus verstreut, das bei dem Unglück Feuer fing. Acht Menschen kamen am Boden ums Leben, als die PanAm 727 über einem Wohngebiet abstürzte.

zusagen, aber wegen des starken Regens waren die gefährlichen Gewitterzellen auf der Route, die vielleicht einen „Microburst" auslösten, nicht zu erkennen.

Kurz nach dem Start geriet die 727 in einen „Microburst", der sie herumschleuderte. Der Erste Offizier, der das Flugzeug steuerte, versuchte verzweifelt, den Sinkflug zu stoppen – vergeblich. 730 Meter vor dem Ende der Startbahn erfaßte die Boeing einige Bäume, schlug auf dem Erdboden auf und zerbarst dann. Alle 153 Insassen und acht Menschen am Boden kamen ums Leben.

Bei der Untersuchung konnte kein Fehlverhalten der Fluggesellschaft oder der Besatzung festgestellt werden.

Oben: Rettungsmannschaften durchsuchen das Chaos, das die verunglückte Boeing 727 verursachte.

NEUFUNDLAND, KANADA
12. Dezember 1985

Rechts: Die DC-8 schlug kaum einen Kilometer vom Gander International Airport entfernt auf einem bewaldeten Hang auf.

Eis bedeutet für Flugzeuge immer ein Risiko. Schon eine dünne Schicht auf Trag- und Steuerflächen kann zur Gefahr werden. Auch in diesem Fall war das wohl die Absturzursache.

Fast alle Passagiere des planmäßigen Fluges der DC-8 der Arrow Air am 12. Dezember 1985 waren US-Soldaten, die nach ihrem Einsatz im Nahen Osten nach Kentucky zurückkehrten.

Nach dem Start am Kairoer Flughafen steuerte die Maschine den Gander International Airport auf Neufundland an, wo tiefer kanadischer Winter herrschte. Während der Zwischenlandung sammelte sich auf den Tragflächen der DC-8 vermutlich Schneematsch an, der an den Führungskanten und der Oberseite der Tragflächen gefror. Die DC-8 war mit den Soldaten und deren Ausrüstung bereits schwerbeladen. Untersuchungen ergaben, daß die Besatzung die Startgeschwindigkeit und den Steigwinkel unterschätzt hatte, die für das Gewicht des Flugzeugs nötig waren.

Um 06.45 Uhr hob die DC-8 im Dunkel des frühen Morgens ab, stieg mühsam auf 40 Meter und begann dann, bedrohlich zu sinken. Pendler, die zu dieser Zeit auf dem Trans-Canada-Highway unterwegs waren, sahen die in Not geratene DC-8 nur wenige Meter über ihren Autos vorbeiziehen, ehe sie über einem bewaldeten Hang abstürzte, der kaum einen Kilometer vom Ende der Startbahn entfernt war, und in Flammen aufging. Es gab keine Überlebenden. Die genaue Absturzursache konnte nicht mehr festgestellt werden.

Technisches Versagen

Die weitaus größte Zahl von Luftunfällen kann auf Konstruktions- oder Systemfehler zurückgeführt werden. Selbst das technisch fortschrittlichste Flugzeug ist nur so zuverlässig wie die Techniker, die es montieren oder warten. Bei einer Maschine, die aus Hunderttausenden von Einzelteilen besteht, gibt es trotz strengster Tests und Zulassungsverfahren immer die Gefahr, daß ein defektes Teil – eine fehlerhafte Niete, ein Haarriß, der sich im Lauf der Zeit zu einem ernsten Problem entwickeln kann, – übersehen wird.

Viele der heute eingesetzten Flugzeuge, die Menschen um den Globus befördern, legen jedes Jahr Millionen von Kilometern zurück. Einige stammen noch aus den 60er Jahren, doch alle werden peinlich genauer Überwachung und, wenn nötig, strengen Umbauprogrammen unterzogen, um ihre Verläßlichkeit zu gewährleisten. Dennoch können Konstruktionsfehler, mangelhafte Wartung und Materialermüdung den sicheren und effizienten Betrieb eines Flugzeugs gefährden und letztlich zu tragischen Unfällen führen. Die Analyse solcher Zwischenfälle ist ein wichtiger Bestandteil der Verbesserungen der Flugsicherheit.

Ein rentables Flugzeug, das gegen jedes denkbare Risiko gewappnet ist, läßt sich nicht konzipieren. Letztlich ist es eine Kostenfrage – das Risiko wird gegen die maximale Summe aufgerechnet, die Reisende für einen Flug von A nach B zu zahlen bereit sind.

Rechts: *Ein verrosteter Verbindungsstift führte zum Triebwerksausfall einer Frachtmaschine vom Typ Boeing 747, die in ein Amsterdamer Mietshaus raste und 47 Bewohner das Leben kostete.*

Die grössten Flugzeugkatastrophen

LAKEHURST, NEW JERSEY, USA
6. Mai 1937

Nur wenige Bilder des 20. Jahrhunderts sind so schockierend und eindrucksvoll zugleich wie das des Zeppelins Hindenburg, dessen von Flammen umhülltes Achterschiff den Nachthimmel über Lakehurst, New Jersey, erleuchtet. Die Hindenburg war das größte der Luftschiffe mit steifem Rahmen, die zwischen 1900 und 1940 in Deutschland gebaut wurden, und ist bis heute das größte je gebaute geblieben. Der Verlust der Hindenburg war ein herber Schlag für die deutsche Luftschiffindustrie. Danach konnte das Vertrauen in das Luftschiff nie wieder völlig hergestellt werden.

Die Hindenburg war das vorletzte Schiff der LZ-Serie und eine direkte Nachfolgerin der Zeppeline, die während des Ersten Weltkriegs die Londoner in Angst und Schrecken versetzt hatten. Das Luftschiff hatte sich in diesem Konflikt als zu feueranfällig erwiesen, um als offensiver Bombenträger eingesetzt zu werden, und so waren die zahlreichen Luftschiffabrikanten in Europa auf der Suche nach alternativen Einsatzmöglichkeiten für ihre Technologie.

Die im Jahr 1900 von Ferdinand Graf von Zeppelin gegründete Luftschiffbau Zeppelin (LZ) schien die besten Erfolgsaussichten zu haben. Die während des

Unten: Nach einem Transatlantikflug von Deutschland aus fliegt die Hindenburg 1936 über New York hinweg nach Lakehurst in New Jersey. Links im Bild das Empire State Building.

TECHNISCHES VERSAGEN

Oben: Das gerade fertiggestellte Luftschiff Hindenburg verläßt zum ersten Mal den Hangar.

Die Hindenburg, die Nachfogerin der Graf Zeppelin, war von Dr. Hugo Eckener entworfen worden und maß 245 Meter in der Länge. Angetrieben wurde sie von vier 1 100-PS-Dieselmotoren, die in stromlinienförmigen Gondeln an den Seiten des leichten, aber robusten Rahmens aus Hartaluminium angebracht waren. Die Gaszellen, die für den Auftrieb sorgten, waren mit flüchtigem Wasserstoff gefüllt – einem Gas, leichter als Luft. Eckener hatte die Zellen ursprünglich mit nicht brennbarem Helium füllen wollen. Damals wurden jedoch etwa 90 Prozent der Weltproduktion an Helium in den USA hergestellt, und der US-Kongreß gestattete nicht den Export des teuren Gases.

Krieges durchgeführten 100-Stunden-Flüge ließen Transatlantikflüge möglich erscheinen. Im September 1928 rief LZ mit der Graf Zeppelin eine Transatlantiklinie ins Leben. Das Luftschiff absolvierte 590 Flüge – davon 144 über den Nordatlantik – mit einer Gesamtstrecke von über 1 600 000 Kilometern. 1929 umrundete es die Erde in nur 21 Tagen. Als die Graf Zeppelin Anfang 1937 stillgelegt wurde, schien dem Luftschiff eine strahlende Zukunft bevorzustehen.

Bei solch riesigen Mengen hochentzündlichen Gases war es nach Meinung vieler nur eine Frage der Zeit, wann es zu einem Unfall kommen würde – die Hindenburg war eine fliegende Bombe. Die Konstrukteure waren sich der Gefahren durchaus bewußt; die Gasbehälter waren mit einer Gelatinelösung bestrichen, um den Austritt des Gases zu verhindern. Passagiere und Besatzungsmitglieder mußten strenge Sicherheitsbestimmungen beachten. Die Männer, die auf den Gängen patrouillierten, trugen Schuhe mit Hanfsohlen, um Funkenschlag durch Schuhnägel zu vermeiden, und antistatische Overalls. In der Raucherkabine stand Tag und Nacht eine Wache, und die Wände waren zusätzlich mit Schweineleder bespannt. Fluggäste und Gepäck wurden vor dem Einstieg nach möglicherweise entzündlichen Stoffen durchsucht.

Rechts: Die letzten Sekunden der Hindenburg, bevor sie in der Nähe ihres Ankermasts auf dem Flughafen Lakehurst in New Jersey in Flammen aufging.

Die grössten Flugzeugkatastrophen

Rechts: *Die Hindenburg war mit hochexplosivem gasförmigem Wasserstoff gefüllt. Der kleinste Funke genügte, um sie in einen Feuerball zu verwandeln.*

Die Inneneinrichtung des Luftschiffs war nach dem Vorbild der Luxusdampfer jener Zeit prachtvoll ausgestattet – viele glaubten auch, das Luftschiff würde diese eines Tages ablösen. Aufwendige Samtpolster und Nußbaumtäfelungen zierten die Passagierkabinen und den Speisesaal. In der voll ausgestatteten Küche bereitete das Personal raffinierte Mahlzeiten für die bis zu 50 gutsituierten Fluggäste. Es gab sogar einen Konzertflügel, der allerdings aus Hartaluminium gefertigt und nur 50 Kilogramm schwer war. Das Luftschiff war die Concorde seiner Tage – eine luxuriöse Transatlantikfähre und ein eindrucksvolles Symbol des technischen Fortschritts Deutschlands im Dritten Reich.

Die Hindenburg absolvierte im April 1936 ihren Jungfernflug, und während der nächsten zwölf Monate vollendete das Luftschiff zehn Atlantiküberquerungen.

Am 3. Mai 1938 um 20.00 Uhr gab Kapitän Max Pruß, ein Veteran mit 16 Transatlantikflügen auf der Graf Zeppelin, das Kommando „Luftschiff hoch!", und die Hindenburg erhob sich zum ersten Amerikaflug des Jahres in die Luft. Am 4. Mai flog die Hindenburg bei Sonnenaufgang südlich an Irland vorbei und weiter in Richtung Neufundland. Am nächsten Tag geriet das Luftschiff in Gegenwind, und Pruß funkte nach Lakehurst, daß sich die Landung wohl um zwölf Stunden auf 18.00 Uhr am 6. Mai verschieben würde.

Das Luftschiff überflog Boston und sank dort auf 180 Meter, um der bewundernden Menge am Boden einen guten Blick auf den Stolz des Unternehmens Zeppelin zu bieten. Dann flog es weiter die Küste entlang und über die Skyline von New York hinweg. Pruß zögerte seinen Anflug auf den Ankermast in Lakehurst wegen ungünstigen Wetters bis 19:00 Uhr hinaus, dann aber wurde der Besatzung schließlich befohlen, die Landung vorzubereiten. Gas wurde abgelassen und das Fahrwerk ausgefahren.

Um 19.21 Uhr – die Leinen, mit denen das Schiff herabgezogen werden sollte, waren gerade bereitgemacht worden – ließ eine Explosion Gaszelle Nr. 4 direkt vor dem Seitenruder zerbersten. Binnen Sekunden verschwand das gesamte Achterschiff in einem Feuerball, und brennende Trümmer fielen auf das Bodenpersonal herab. Die Hindenburg schlingerte, und das Heck näherte sich dem Boden. Passagiere sprangen voller Panik aus der Steuergondel und den Besatzungskabinen, um ihr Leben zu retten. Nach nur 30 Sekunden lag das gigantische Luftschiff als rauchendes Wrack auf dem Boden. Immerhin gelang es 62 der 97 Insassen, ihr Leben zu retten, darunter 23 der 36 Passagiere.

Während der monatelangen Untersuchungen der US-Marine und der deutschen Regierung gab es zahlreiche Erklärungsversuche. Eine Theorie war, daß die Explosion durch einen Sprengsatz verursacht wurde, den einer der Seilspanner aus Protest gegen das Nazi-Regime angebracht hatte. Eine wahrscheinlichere Erklärung lautete, daß aus einer defekten Zelle entwichenes Gas sich durch die statische Elektrizität entzündete, die sich während der stürmischen Nacht in der Atmosphäre über New York aufgebaut hatte.

Die Ursache der Explosion, die die Hindenburg zerstörte, konnte nie geklärt werden. Eins war jedoch sicher: Die Katastrophe versetzte der Luftschiffindustrie den Todesstoß.

TECHNISCHES VERSAGEN

WESTBENGALEN, INDIEN
2. MAI 1953

Oben: Eine BOAC-Comet 1 vom selben Typ wie die Maschine, die am 2. Mai 1953 in Kalkutta abstürzte. Das Verkehrsflugzeug verfügte über vier De-Havilland-Ghost-Triebwerke und bot etwa 40 Fluggästen Platz.

Dieser Zwischenfall war der dritte in einer Reihe von sieben mysteriösen Unfällen innerhalb von 18 Monaten, an denen eine De Havilland Comet beteiligt war. Im April 1954 wurden alle Comets aus dem Verkehr gezogen, da ernsthafte Zweifel an der Konstruktionssicherheit des Flugzeugs bestanden.

Am ersten Jahrestag der Einführung des Linienjets startete eine Comet 1 im Dienst der British Overseas Airways Corporation (BOAC) von Singapur aus nach Westen zu einem planmäßigen Flug über Delhi nach London Heathrow. Die Maschine wurde von einem der erfahreneren Jetpiloten der BOAC gesteuert. Nur zwei Monate zuvor war bei Karatschi eine brandneue Comet von einem Piloten irreparabel beschädigt worden, der zu wenig Erfahrung mit diesem Typ besaß.

Kapitän Haddon führte den Start, der bei einer Comet recht schwer zu koordinieren ist, präzise durch. Die Comet legte die erste Teilstrecke bis Kalkutta ohne Zwischenfall zurück. In Kalkutta kamen Passagiere nach Delhi und London an Bord. Kurz vor 16.30 Uhr hob die Comet vom Flughafen Dum Dum in Kalkutta ab. Die Flugbesatzung begann mit dem Anstieg auf die Reisehöhe. Draußen tobte ein schweres Gewitter.

Sechs Minuten nach dem Start, als die Comet gerade auf 3 000 Meter stieg, brach die Maschine auseinander. Die Comet stürzte brennend und ohne Tragflächen zur Erde und explodierte in einem Wald in der Nähe des Dorfs Jugalgari, etwa 48 Kilometer nordwestlich von Kalkutta. Alle 37 Passagiere und sechs Besatzungsmitglieder kamen dabei um.

Sofort leiteten die indische Regierung und das Royal Aircraft Establishment (RAE) umfangreiche Untersuchungen ein. Es dauerte Monate, ehe eine genaue Analyse des Unfalls vorgenommen werden konnte.

Die indischen Ermittlungen ergaben, daß das Flugwerk der Comet durch die starken Turbulenzen Belastungen ausgesetzt war, denen es konstruktionsgemäß nicht standhalten konnte und deren Gewalt jedes Verkehrsflugzeug auseinanderbrechen hätte lassen. Allerdings gab es Hinweise darauf, daß bei dem Unfall unter Umständen Materialermüdung eine Rolle spielte. Jedoch erwies es sich als unmöglich,

Die grössten Flugzeugkatastrophen

Oben: *Wrackteile der abgestürzten Comet in der Nähe des Dorfes Jugalgari, nordwestlich von Kalkutta*

diese Vorwürfe zu erhärten, weil die indischen Behörden irrtümlich große Teile des Wracks entsorgt hatten, bevor das RAE sie untersuchen konnte.

Die britischen Untersuchungen konzentrierten sich auf folgende Annahme: Das Flugwerk war hoffnungslos überlastet, als Kapitän Haddon versuchte, den Sturzflug abzufangen, in den die Comet übergegangen war; deshalb war eine Strebe im linken Höhenruder zerbrochen. Das British Air Registration Board, das damals die Zulassung für jeden neuen britischen Flugzeugtyp vergab, forderte noch weitere Tests, um die Anfälligkeit des Flugwerks der Comet für Materialermüdung festzustellen.

Während der nächsten sechs Monate wurde eine Comet umfangreichen Ermüdungstests unterzogen, die aber keinen Anhaltspunkt für eine Fehleranfälligkeit der Maschine lieferten.

Dennoch fügten die vielen Unfälle, an denen Comets während dieser entscheidenden ersten Jahre ihres Einsatzes beteiligt waren, den Exportchancen der Maschine beträchtlichen Schaden zu und führten zur Stornierung vieler Bestellungen.

TECHNISCHES VERSAGEN

PARIS, FRANKREICH
3. MÄRZ 1974

Unten: Rettungsmannschaften durchsuchen das Wrack der DC-10, die nahe Paris in einen Wald gestürzt war.

Anfang der 70er Jahre geriet die McDonnell Douglas DC-10 immer mehr in den Ruf, eine Unglücksmaschine zu sein. Dieser Unfall einer DC-10 der Turkish Airlines führte zum Tod aller 346 Insassen. Er war auf einen Konstruktionsfehler zurückzuführen, der bereits zwei – glimpfliche – Zwischenfälle verursacht hatte.

Die Ladeklappe am Heck der DC-10 war so konstruiert, daß sie sich nach außen öffnete. Das bedeutete, daß die Heckklappe nach außen gedrückt wurde, wenn sich die Maschine auf Reisehöhe befand und die Kabine unter Druckausgleich stand. Im Juni 1972 war die Klappe einer DC-10 der American Airlines aufgesprungen, doch gelang es dem Kapitän, das Flugzeug

DIE GRÖSSTEN FLUGZEUGKATASTROPHEN

Oben: Teile des Rumpfes der DC-10 der Turkish Airlines, die kurz nach dem Start vom Flughafen Orly in den Wald von Ermenonville stürzte

sicher zu landen. Nach diesem Unfall bereitete die US Federal Aviation Administration eine Weisung vor, nach der die Verriegelung der Klappe modifiziert werden sollte. Aus einer Vielzahl von Gründen – und obwohl der Hersteller sich der möglicherweise katastrophalen Folgen bewußt war, die ein Versagen der Klappenverriegelung in Flughöhe haben würde – wurde die Weisung zu einer Empfehlung herabgestuft.

Zwei Jahre nach dieser Panne startete eine ähnliche Maschine im Dienst der Turkish Airlines am 3. März 1974 um 12.30 Uhr vom Pariser Flughafen Orly aus in Richtung London Heathrow. Als die Maschine gerade über dem Dorf Saint-Pathus auf 3 300 Meter stieg, gab die Heckladeklappe nach. Das Flugzeug erlitt einen explosionsartigen Druckverlust und schlug mit fast 800 km/h in einem Waldgebiet auf. Es gab keine Überlebenden.

Rechts: Helfer tragen ein Opfer aus der zerstörten Maschine. Es gab keine Überlebenden.

TECHNISCHES VERSAGEN

O'HARE-FLUGHAFEN, CHICAGO, USA

25. MAI 1979

Bis zur Katastrophe von Lockerbie im Dezember 1988 war der Absturz einer McDonnell Douglas DC-10 der American Airlines der schwerste Unfall einer amerikanischen Fluggesellschaft. Der Vorfall führte zum Entzug der Flugtauglichkeitsbescheinigung für die DC-10 durch die amerikanische Bundesluftfahrtbehörde.

Die Geschichte der Katastrophe liest sich wie ein Katalog von Fehlern, die ihren Anfang im McDonnell-Douglas-Werk nehmen, sich in der Dienstzeit der Maschine fortsetzen und an einem Mainachmittag mit einem Flammenmeer und dem Tod von 273 Menschen enden.

Die DC-10 der American Airlines (Flugnummer 191) war für einen planmäßigen Flug vom O'Hare-Flughafen in Chicago zum internationalen Flughafen in Los Angeles vorgesehen. Nach dem Einstieg der Fluggäste und der Beendigung der Checks vor dem Start rollte die Maschine die Startbahn 32 hinunter und begann um 15.02 Uhr mit dem Startvorgang. Bei 257 km/h rief der Offizier, der das Funkgerät bediente: „V 1!" – der Punkt, an dem die DC-10 abheben sollte. Zwei Sekunden vor dem Abheben erbebte das Flugzeug heftig, und das linke Triebwerk schien schwächer zu werden.

Augenzeugen am Boden sahen Rauch von der linken Tragfläche aufsteigen. Unbemerkt von der Flugbesatzung hatte sich das linke Triebwerk völlig gelöst und einen großen Teil der Führungskante zusammen mit unverzichtbaren Hydraulik- und Stromleitungen weggerissen. Die Flugbesatzung, die nicht wußte, daß das Triebwerk abgefallen war, führte die Standardprozedur bei Triebswerksschaden durch. Der erste Offizier zog den Steuerknüppel zurück, hob von der Startbahn ab und begann mit dem Steigflug.

Aufgrund des Ausfalls mehrerer Generatorsysteme hatte die Crew noch immer keinen Hinweis auf ihre Lage. Etwa 20 Sekunden nach dem Start riß in knapp 100 Meter Höhe plötzlich die Strömung an der linken

Rechts: Die über den Campingplatz verteilten Trümmer der DC-10 der American Airlines

Die grössten Flugzeugkatastrophen

Oben: Beamte der US-Bundesluftfahrtbehörde inspizieren das Wrack der DC-10 am Tag nach dem Absturz.

Oben: Feuerwehrleute in den Trümmern der DC-10

Tragfläche ab, da sich die Führungskantenklappen eingezogen hatten. Als sich die Nase des Flugzeugs unter den Horizont senkte, versuchte der Erste Offizier vergeblich, den Absturz zu verhindern.

31 Sekunden nach dem Start schlug das Flugzeug unweit eines Campingplatzes auf, wodurch alle Insassen und zwei Menschen am Boden getötet wurden. Untersuchungen des Wracks und des Triebwerks der Maschine deckten starke Risse auf.

Alle Maschinen vom Typ DC-10 wurden aus dem Verkehr gezogen und überprüft. In zehn Fällen wurden ebenfalls Ermüdungsrisse an der Triebwerksaufhängung festgestellt. Die Schäden waren bei zu hastigen Wartungsvorgängen entstanden. Denn zu der Zeit versuchten die Fluggesellschaften ständig, an den Arbeitsstunden für die Wartung zu sparen.

So ernst der Verlust eines Triebwerks auch war, hatte es zuvor einen ähnlichen Fall gegeben, in dem die betroffene Maschine gerettet wurde. Die Hauptgründe für den Absturz waren jedoch der Ausfall der Führungskantenklappen, die in der Frühphase des Flugs für den nötigen Auftrieb sorgen, und die Tatsache, daß die Crew den Schub reduzierte, um die optimale Steiggeschwindigkeit zu erreichen. Wenn sie die Geschwindigkeit beibehalten hätte und wenn die Klappen sich mechanisch verriegelt hätten, wäre der Unfall wohl abgewendet worden.

TECHNISCHES VERSAGEN

OSUTAKA, JAPAN
12. AUGUST 1985

Am 12. August 1985 zerschellte eine Boeing 747 der Japan Airlines am Berg Osutaka. Dies war eine der schlimmsten Flugkatastrophen, die sich je ereignet haben.

Flug 123 der Japan Airlines sollte planmäßig vom internationalen Tokioter Flughafen Haneda 402 Kilometer westwärts nach Osaka führen. Viele der Passagiere flogen mit ihren Familien zum traditionellen Bon-Fest nach Hause. Der Flug hätte unter normalen Umständen etwas weniger als eine Stunde gedauert.

Nach dem Start um 18.12 Uhr war die Boeing 747 auf ihre Reisehöhe von 7 300 Meter gestiegen, als am Heck der Maschine eine laute Explosion zu vernehmen war. Der Druck in der Passagierkabine fiel rapide ab, und die Notsauerstoffmasken fielen von der Decke. Als der Kapitän ein Mayday-Signal an die Bodenkontrolle in Tokio sendete, meldete ein Mitglied der Begleitbesatzung, daß ein Teil des Achterrumpfes fehlte. Die Steuerleitungen zu den Hecksteuerflächen der 747 führen durch diesen Teil des Rumpfes. Als die Crew ein Manöver versuchte, merkte sie, daß die Steuerung ausgefallen war. Das riesige Flugzeug begann, sich bedrohlich nach Norden in Richtung des schneebedeckten Gipfels des Fudschijama zu drehen.

Obwohl die Steuerung irreparabel beschädigt war, konnte die Flugbesatzung das Flugzeug durch den Triebwerksschub lenken, und trotz des Totalausfalls der Hydraulik gelang es ihr, mittels des Notsystems das Fahrwerk auszufahren. Gegen 18.44 Uhr begann die Maschine zu sinken, fing sich wieder, nachdem sie bedrohlich über der Stadt Otsuki gekreist war, und flog auf die Bergregion um Takasaki zu. Trotz aller Bemühungen der Crew prallte das Flugzeug in einer Höhe von etwa 1 460 Meter gegen eine Steilwand des Bergs Osutaka.

Rettungsmannschaften erreichten die entlegene Bergregion erst am nächsten Morgen um 9.00 Uhr und fanden ein Bild beinahe vollkommener Zerstörung vor. Als einzige überlebten eine Stewardess, ein zwölfjähriger Junge, ein achtjähriges Mädchen und seine Mutter.

Links: *Am Tag nach dem Absturz bot sich den Mitgliedern der japanischen Streitkräfte, die mit einem Hubschrauber die Gegend absuchten, ein Bild der Zerstörung.*

DIE GRÖSSTEN FLUGZEUGKATASTROPHEN

INTERNATIONALER FLUGHAFEN MANCHESTER, ENGLAND
22. AUGUST 1985

Das Jahr 1985 traf die kommerziellen Fluggesellschaften sehr hart. Allein bei sechs Unfällen starben mehr als 1 300 Menschen. Einer der schwersten Unfälle ereignete sich mit der Boeing Advanced 737 der British Airtours auf dem internationalen Flughafen von Manchester.

Während der 80er Jahre erfreuten sich die griechischen Inseln einer starken Zunahme des Fremdenverkehrs, und British Airtours, eine Tochter der British Airways, beförderte Hunderttausende Reisende aus Großbritannien dorthin. Am frühen Morgen des 22. August 1985 bestiegen in Manchester 130 Passagiere, darunter zwei Kinder ohne eigenen Sitzplatz, eine ausgebuchte 737 der British Airtours für eine Urlaubsreise auf die Insel Korfu.

Während die Passagiere ihr Handgepäck verstauten, bereitete sich das Bordpersonal auf einen anstrengenden Flug vor. Im Cockpit wurden die Checks vor dem Flug routinemäßig durchgeführt, und das Flugzeug rollte zum Wartebereich direkt neben Runway 24. Nach Erhalt der Startfreigabe löste der Kapitän die Bremsen, und die 737 beschleunigte gleichmäßig auf der Startbahn. Als die Maschine 225 km/h erreichte, hörte die Flugbesatzung einen dumpfen Schlag. Im Glauben, ein Reifen sei geplatzt, brach sie sofort den Startvorgang ab und informierte den Kontrollturm über die Lage.

Was die Crew jedoch gehört hatte, war das Auseinanderbrechen des linken Triebwerks. Teile des Triebwerksgehäuses rissen den benachbarten Treibstofftank auf, und als das Flugzeug mit der Notbrem-

Links: *Polizei und Feuerwehr inspizieren das Wrack der Boeing 737 der British Airtours, die, nachdem sie beim Start ein Triebwerk verloren hatte, in Flammen aufgangen war.*

TECHNISCHES VERSAGEN

Oben: Trotz der Anstrengungen der Rettungskräfte kamen in dem Feuer 55 Menschen ums Leben.

Rechts: Experten überprüfen das rechte Triebwerk der 737.

sung begann, strömte Flugbenzin über den glühenden Motor und entzündete sich.

Das Feuer wurde nicht sofort im Cockpit angezeigt, wo die Crew noch immer glaubte, ein Reifen sei geplatzt. Die Flugbesatzung benutzte dann, um den Jumbojet zu bremsen, den Umkehrschub der Triebwerke, was die Flammen wie ein Blasebalg anheizte. Als die Maschine schließlich von der Startbahn rollte und zum Stillstand kam, brannte sie bereits lichterloh. Flugbenzin lief aus dem Tragflächentank und bildete eine brennende Lache. Der Wind blies die Flammen in Richtung des Flugzeugs. Innerhalb einer halben Minute fraßen sie sich in die Passagierkabine und behinderten zusätzlich die Evakuierung.

Im Flugzeug herrschte Chaos, und als sich dunkle giftige Rauchschwaden in der Kabine bildeten, verlor die Crew wertvolle Sekunden beim Kampf mit einer blockierten Tür. Die große Zahl der Passagiere und der Umstand, daß zwei der Ausgänge in Flammen standen, behinderten außerdem die Evakuierung. Das Flugzeug stand erst seit 60 Sekunden still, als der hintere Rumpf in sich zusammenfiel. Obgleich die Notfallkräfte bemerkenswert schnell eintrafen, konnten sie 55 Passagiere, fast ausschließlich aus der hinteren Kabine, nicht mehr retten. Es gab Dutzende Verletzte.

Der Bericht des British Air Accident Investigation Branch offenbarte, daß die Druckkammer des Triebwerks gebrochen und dann wegen thermischer Ermüdung teilweise zerfallen war. Dies wird durch ständiges Erhitzen und Abkühlen von Metallteilen verursacht. Dasselbe Triebwerk an der Maschine der British Airtours war kurz zuvor wegen eines Risses an derselben Stelle repariert worden, doch hatte man die Reparatur schlecht ausgeführt.

Die grössten Flugzeugkatastrophen

MARAVATIO, MEXIKO
31. MÄRZ 1986

Man muß nur einmal ein Flugzeug bei der Landung beobachten, um zu verstehen, welchen enormen Belastungen das Hauptfahrwerk ausgesetzt ist. Auch die Reifen sind während jedes Start- oder Landevorgangs starken Belastungen und Temperaturwechseln unterworfen. Trotzdem werden Flugzeugreifen aus Kostengründen oft „runderneuert", was sich in der Vergangenheit als unzuverlässig erwiesen hat.

Die wahrscheinlichste Ursache für diesen Absturz einer Boeing Advanced 727 der Compañía Mexicana de Aviación war ein Zusammenwirken von schlecht gewarteten Bremsen und einem fehlerhaft gefertigten Reifen. So endete die zehn Jahre währende unfallfreie Zeit der mexikanischen Gesellschaft.

Während des Startvorgangs auf dem Benito-Juárez-Flughafen in der Nähe von Mexiko-Stadt blockierte das linke Hauptfahrgestell der Mexicana-Boeing Advanced 727 mit der Flugnummer 940. Die entstehende Reibung erhöhte die Temperatur der Bremsen ohne Wissen der Crew weit über den Grenzwert hinaus. Als die Bremsen eingefahren wurden, waren sie wahrscheinlich glühend heiß und verursachten im abgeschlossenen Fahrwerksschacht einen gefährlichen Anstieg der Reifentemperatur.

Das Flugzeug war auf seine Reisehöhe von 9 400 Metern für den kurzen Flug 640 Kilometer westwärts nach Puerto Vallerta gestiegen, als eine Explosion einen großen Teil der linken Tragfläche herausriß und wichtige Treibstoff- und Hydraulikleitungen sowie Stromkabel beschädigte. In dieser Höhe verursachte dies einen explosionsartigen Druckabfall in der Kabine. Die Crew funkte eine knappe Notfallmeldung, ehe das Flugzeug in die Berge nahe Maravatio stürzte, 160 Kilometer nordwestlich von Mexiko-Stadt. Alle 159 Fluggäste und die acht Besatzungsmitglieder kamen ums Leben.

Rechts: *Die Boeing 727 stürzte in eine bewaldete Bergregion, was die Arbeit der Rettungsteams zusätzlich erschwerte. Hier transportieren Rettungshelfer eines der 167 Todesopfer ab.*

TECHNISCHES VERSAGEN

SHETLAND-INSELN, VOR SUMBURGH
6. NOVEMBER 1986

Rechts: Der britische Luftfahrtminister Michael Spicer inspiziert Teile des abgestürzten Chinook-Helikopters, die aus der See vor Sumburgh geborgen wurden.

Während der 80er Jahre führte British International Helicopters regelmäßige Flüge zu den Bohrinseln in der Nordsee durch. Chinook- und Sikorsky-Hubschrauber flogen häufig auch bei schlechten Wetterverhältnissen. Zwischen 1986 und 1990 gab es vier Unfälle, darunter den bislang schwersten Zwischenfall mit einem Verkehrshubschrauber.

Der Helikopter Typ Chinook startete am 6. November 1986 gegen 11.15 Uhr mit 42 Arbeitern, um sie von einer Bohrinsel im Ölfeld Brent zurück zum Flughafen von Sumburgh nahe Lerwick zu fliegen.

Der Tandemhubschrauber befand sich bei heftigem Wind und Regen knapp fünf Kilometer vor dem Zielflughafen über der See, als der hintere Rotor gegen die vorderen Rotorblätter stieß. Die hinteren Rotorblätter brachen zusammen mit dem Getriebe ab. Der Hubschrauber stürzte aus 150 Metern Höhe in die eiskalte Nordsee. Insgesamt kamen 45 Insassen beim Aufprall ums Leben. Der Pilot und ein überlebender Passagier wurden von einem Hubschrauber, der wenig später an der Absturzstelle ankam, aus dem Meer gezogen.

Als die aus dem Meer geborgenen Wrackteile des Hubschraubers untersucht wurden, stellte sich bald heraus, daß eines der Getriebezahnräder des Rotorkopfes durch Ermüdung gebrochen war. Dies war durch die mit Einsätzen über dem Meer verbundene Korrosion wahrscheinlich auch noch zusätzlich beschleunigt worden.

Die grössten Flugzeugkatastrophen

Flughafen Okecie, Polen
9. Mai 1987

Selbst das kleinste fehlerhafte Teil eines Flugzeugs kann eine Katastrophe verursachen. Bei dieser Tragödie löste ein abgenutztes Kugellager eine Ereigniskette aus, die zum Tod von 188 Menschen führte.

Am 9. Mai 1987 startete ein fast vollbesetzter Iljuschin-IL-62-Jet der Polskie Linie Lotnieze (LOT Polish Airlines) vom Flughafen Okecie bei Warschau zu einem Transatlantikflug nach New York. Als die Maschine auf ihre Reisehöhe von 9 400 Metern stieg, brach das linke Innenbordtriebwerk auseinander und beschädigte das Außenbordtriebwerk. Teile beider Triebwerke durchschlugen die Passagierkabine, was wiederum Seitenleitwerk und Höhenruder in Mitleidenschaft zog. Der Pilot gewann die Kontrolle wieder, doch gab es aufgrund der Schäden an der Elektrik keinen Hinweis auf das Feuer, das im Laderaum ausgebrochen war.

Obwohl es dem Piloten gelang, die beschädigte Maschine zu einem Landeversuch zurück nach Okecie zu steuern, verursachte der Brandschaden im Heck des Flugzeuges einen Totalausfall der Steuerung. Die Maschine stürzte fünf Kilometer vor der Landebahn in ein Waldgebiet. Niemand an Bord überlebte.

Unten: Das Wrack der Iljuschin, die in einen Wald nahe Warschau stürzte und alle Insassen mit in den Tod riß

TECHNISCHES VERSAGEN

FLUGHAFEN SIOUX CITY IOWA, USA
19. JULI 1989

Gerade in gefährlichen Situationen zeigt sich, was ein Pilot zu leisten imstande ist. Sein fliegerisches Können kann dann über Leben und Tod entscheiden. Als die McDonnell Douglas DC-10 der United Airlines am 19. Juli 1989 notlandete, kamen nur dank des Piloten 184 der 296 Insassen mit dem Leben davon.

Auf einer Höhe von 11 277 Metern war etwa auf halber Strecke eines 1 500 Kilometer langen Inlandflugs zwischen Denver, Colorado, und Chicago, Illinois, eine laute Explosion am Heck der DC-10 zu hören. Die Cockpitinstrumente zeigten an, daß das am Seitenruder des Jets angebrachte Triebwerk Nr. 2 ausgefallen und der zur Steuerung dieses Flugzeugtyps unbedingt notwendige Hydraulikdruck auf Null gefallen war.

Als das Not-Hydrauliksystem ebenfalls ausfiel, war das Flugzeug praktisch manövrierunfähig. Die letzte Steuermöglichkeit bestand darin, den Schub der beiden anderen Tragflächentriebwerke zu variieren. Die Passagiere wurden auf eine Notlandung vorbereitet.

Der nächste Flughafen war Sioux City, wo die Notfallkräfte in höchster Alarmbereitschaft waren und sämtlicher Flugverkehr im Umkreis eingestellt wurde. Das Flugzeug schlingerte auf Runway 22 zu, während die Piloten verzweifelt versuchten, die Tragflächen waagerecht zu halten. Nur 30 Meter über dem Erdboden sackte die rechte Tragfläche ab und berührte den Boden. Die Maschine raste von der Landebahn, kippte auf den Rücken und zerbrach in drei Teile. Dann ging sie in Flammen auf.

Die Flughafenfeuerwehr war innerhalb von Sekunden am Unfallort und tat, was sie konnte, um die in ihren Sitzgurten hängenden Passagiere zu befreien. Sie konnte aber nicht verhindern, daß viele im Rauch erstickten. Insgesamt starben 111 Passagiere und eine Stewardeß.

Umfangreiche Untersuchungen brachten zutage, daß ein aus Titanlegierung gefertigtes Laufrad des Flugzeugs zerbrochen war. Ursache war ein Fehler im Gußverfahren bei der Herstellung, die bereits mehr als 18 Jahre zurücklag.

Oben: Eine solche Maschine vom Typ McDonnell Douglas DC-10 vollführte auf dem Sioux-City-Flughafen eine Notlandung.

DIE GRÖSSTEN FLUGZEUGKATASTROPHEN

SUPHAN BURI, THAILAND
26. MAI 1991

Am bislang einzigen Unfall in der ansonsten beispielhaften Bilanz der österreichischen Lauda-Air – der Fluglinie des ehemaligen Rennfahrers Nicki Lauda – war eine Boeing 767 beteiligt. Die 767 hat sich sonst als eines der sichersten kommerziellen Verkehrsflugzeuge auf dem Markt erwiesen.

Warum beim linken Triebwerk der Boeing 767 die Schubumkehr einsetzte, als das Flugzeug mit vollem Schub auf 7 500 Meter stieg, wurde nie völlig geklärt. Die Wirkung war jedoch katastrophal. Nur 16 Minuten nach dem Start vom Flughafen in Bangkok ging die Maschine in den Sturzflug über und begann auseinanderzufallen. Dann stürzte sie brennend in den Dschungel. Von 213 Passagieren und 20 Besatzungsmitgliedern überlebte niemand. Der dichte Dschungel behinderte die Arbeit der Rettungskräfte.

Die Zerstörung des digitalen Flugschreibers – der „Black Box" – behinderte die Untersuchung des Unfalls. In diesem Fall war es aber das Cockpit-Gesprächsaufzeichnungsgerät, das den entscheidenden Hinweis gab. Es war dort nämlich der Kopilot mit den Worten „Schubumkehr setzt ein" zu hören.

Anhand dieses Anhaltspunkts entdeckten die Ermittler, daß die wahrscheinlichste Unfallursache elektrische Störungen waren. Der Grund dafür ist jedoch unklar und schwer festzustellen. Zweifellos wurde durch sie aber die Schubsteuerung veranlaßt, die Schubumkehr während des Flugs zu aktivieren. Die Schubumkehr wird normalerweise nur dazu eingesetzt, das Flugzeug am Boden abzubremsen oder um von einer Laderampe zurückzusetzen.

Eine Folge dieses Unfalls war, daß Boeing 2 000 Jets mit einem modifizierten Schubumkehrsystem ausstatten mußte.

Links: Experten untersuchen Teile des Wracks der Boeing 767, die in den thailändischen Dschungel gestürzt war.

TECHNISCHES VERSAGEN

AMSTERDAM, NIEDERLANDE
4. OKTOBER 1992

Rechts: *Flammen schlagen aus dem Haus im Amsterdamer Bezirk Bijlmermeer, kurz nachdem ein Boeing-Transportflugzeug auf das Gebäude gestürzt war.*

Die Bewohner der an den Amsterdamer Inlandsflughafen Schiphol angrenzenden Häuser protestieren seit langem gegen die Lärm- und Abgasbelastung, die für sie zum Alltag gehört. Im Oktober 1992 geschah jedoch ein Unglück, das alle Vorstellungen übertraf.

Voll beladen kann die Transportversion der Boeing 747 mehr als 90 Tonnen Frachtgut über 8 000 Kilometer transportieren. Aus nicht nachzuvollziehenden Gründen wurden jedoch die Verbindungsstifte, die für den Halt der Triebwerke und deren Aufhängungen sorgen, anscheinend keinen strengen Tests unterzogen.

Der El-Al-Flug 1862 von Amsterdam zum Ben-Gurion-Flughafen in Tel Aviv war fast voll beladen. Als die Transportmaschine am 4. Oktober 1992 kurz nach 19.30 Uhr abhob, brach ein beschädigter Verbindungsstift ab, der das Triebwerk Nr. 3 gehalten hatte, wodurch sich das Triebwerk löste. Gleichzeitig wurde auch Triebwerk Nr. 4 abgerissen, zusammen mit einem Teil der Führungskante der Tragfläche.

Die Maschine, die bereits schwer beladen war, hatte es bei beträchtlich verringerter Schubleistung schwer, an Höhe zu gewinnen. Das abfallende Triebwerk beschädigte außerdem Steuerflächen auf der Tragfläche und machte das Flugzeug fast unmanövrierbar. Nur wenige Minuten nach dem Abheben schlug der riesige Transporter in den Mittelteil eines mehrstöckigen Mietshauses im Amsterdamer Bezirk Bijlmermeer ein.

Das Flugzeug explodierte beim Aufprall, wobei es einen großen Teil des Gebäudes zerstörte und am Rest schwere Schäden verursachte. Alle vier Besatzungsmitglieder sowie 47 Hausbewohner kamen bei der Tragödie ums Leben. Hunderte andere Menschen wurden verletzt.

Während der nachfolgenden Untersuchungen wurde bekannt, daß der Verbindungsstift an der Innenbord-Mittelstrebe, der Triebwerk Nr. 3 und dessen Aufhängung hätte halten sollen, stark verrostet gewesen war und so die Sicherheit des Flugzeuges gefährdet hatte.

Die grössten Flugzeugkatastrophen

LONG ISLAND, NEW YORK, USA
17. Juli 1996

Oben: Eine Boeing 747 der TWA beim Start

Rechts: Ein Teil der Tragfläche der abgestürzten 747 treibt südlich von Long Island im Wasser.

Es dauerte fast 15 Monate, um die Teile der Boeing 747 der Trans World Airlines (TWA) wieder zusammenzusetzen, die Minuten nach dem Start vom Kennedy-Flughafen in New York explodierte und in Flammen aufging. Die Ermittlungen des amerikanischen National Transport Safety Board waren die umfangreichsten und gründlichsten in seiner Geschichte und kosteten mehr als 50 Millionen Dollar.

18 Monate nach dem Unglück herrschte noch immer weitgehende Unklarheit über die Unfallursache. Erste Anzeichen deuteten darauf hin, daß der riesige Jet am Himmel von einer Bombe oder einer Boden-Luft-Rakete zerfetzt worden war, doch im Laufe der Ermittlungen ergaben sich dafür keine klaren Beweise.

Eine andere Theorie ging davon aus, daß sich Treibstoffdämpfe im mittleren Tank zwischen den Tragflächen unter dem Passagierdeck entzündeten, nachdem sich dieser überhitzt hatte. Wenn dies tatsächlich der Fall gewesen sein sollte, hieße das, daß sich die Tragödie wiederholen könnte.

Technisches Versagen

Flug 800 der TWA wurde nach seiner planmäßigen Ankunft aus Paris auf dem Kennedy-Flughafen durch technische Probleme fast drei Stunden aufgehalten. Der mittlere Tank war für den Transatlantikflug praktisch leer – der meiste Treibstoff war in die Tragflächentanks gepumpt worden. Bei sehr heißem Juliwetter bildeten sich über dem flüssigen Flugbenzin möglicherweise Treibstoffgase mit Temperaturen von bis zu 38 °C, dem Punkt, an dem sich flüchtiges Benzin durch den kleinsten Funken entzündet.

Das Flugzeug hob schließlich ab und begann mit dem Anstieg auf Reisehöhe, während es in östlicher Richtung über Long Island flog. Die Wetterverhältnisse waren hervorragend. Die Maschine stieg auf 4 100 Meter, als eine mächtige Explosion einen großen Teil des Rumpfes unterhalb der Tragflächenführungskanten wegriß. Die schwer angeschlagene 747 sackte über 1 500 Meter ab, ehe eine zweite Explosion im selben Bereich ihr Schicksal besiegelte. Das Flugzeug brach auseinander, und nur 15 Minuten, nachdem sie New York verlassen hatten, waren die 230 Insassen tot.

Die US-Küstenwache, Marineschiffe und Fischkutter eilten zur Absturzstelle und durchkämmten tagelang den Nordatlantik vor Long Island, um die verstreuten Überreste des Flugzeugs zu bergen. In einem fast zehn Kilometer breiten Gebiet versanken Wrackteile in den tiefen Küstengewässern. Erst im Mai 1997 waren die meisten Teile geborgen. Ermittler des National Transport Safety Board hatten keinen Zweifel daran, daß die Explosion des Benzin-Luft-Gemisches die Katastrophe verursachte. Unklar blieb, wodurch die Explosion ursprünglich ausgelöst worden war.

In älteren Ausführungen der 747 – die betroffene Maschine war fast 25 Jahre alt – verlaufen dicke Bündel von Stromkabeln vom Cockpit nach hinten, dick ummantelt mit Aluminiumgewebe und Kevlar. Die Ermittler fanden keinen Hinweis darauf, daß sie gerissen oder abgenutzt waren. Es wäre denkbar gewesen, daß fehlerhafte Kabel in der Umgebung der Tragflächentanks eine Stichflamme verursacht hatten, die dann über eine Öffnung in den mittleren Treibstofftank schlug.

Eine Theorie, die die meisten NTSB-Beamten vertraten, lautete aber, daß das im Mitteltank hin und her schwappende restliche Flugbenzin statische Elektrizität aufgebaut hatte, die dann die überhitzten Treibstoffdämpfe entzündete. Wie bei vielen Flugzeugkatastrophen kann sich die Ursachenforschung noch über Jahre hinziehen; sollte sich die letztgenannte Theorie jedoch als richtig erweisen, wären auch viele andere Flugzeuge außer der Boeing 747 in Gefahr.

Rechts: Ein Teil des zerfetzten Rumpfes der Unglücksmaschine wird vom Marine-Bergungsschiff USS Grapple auf ein Hilfsboot gehievt.

REGISTER

Aermacchi MB 339, *28. August 1988* 56

Aeroflot Tupolew T-104A, *18. Mai 1973* 13

Aeromexico McDonnell Douglas DC-10, *31. August 1986* 55

Air Florida Boeing 727, *13. Januar 1982* 70

Air New Zealand McDonnell Douglas DC-10, *28. November 1979* 37 f.

Air-India Boeing 747, *23. Juni 1985* 7, 18 f.

Akron (Luftschiff) 64 f.

Allonne, *5. Oktober 1930* 62 f.

American Airlines DC-10,
  Juni 1972 81 f.
  25. Mai 1979 83 f.

American Airlines Lockheed Electra, *3. Februar 1959* 31 f.

Amsterdam, *4. Oktober 1992* 9, 74, 93

Antarktis, *28. November 1979* 37

Arrow Air DC-8, *23. Dezember 1985* 60, 73

Atlantischer Ozean
  vor der irischen Küste, *23. Juni 1985* 7, 18 f.
  vor New Jersey, *4. April 1933* 64 f.

AVIANCA Boeing 727-21, *27. November 1989* 25 f.

Avro Tudor V, *12. März 1950* 30

B-25-Bomber, *28. Juli 1945* 46 f.

BEA Airspeed Ambassador 2, *6. Februar 1958* 66 f.

BEA de Havilland Comet 4B, *12. Oktober 1967* 12

BEA Hawker Siddeley Trident, *18. Juni 1972* 28, 33 f.

Birgenair Boeing 757, *6. Februar 1996* 43

BOAC Boeing 707, *5. März 1966* 9, 68

BOAC Comet 1, *2. Mai 1953* 79 f.

Bodennähewarnung 40, 43

Bogota, *27. November 1989* 25 f.

British Airtours Boeing 737, *22. August 1985* 86 f.

Bundesluftfahrtbehörde der USA 81 f.

Charkhi Dadri, *12. November 1996* 58 f.

Chicago, *25. Mai 1979* 83 f.

China Southern Airlines Boeing 757, *2. Oktober 1990* 57

China Southwest Airlines Boeing 707, *2. Oktober 1990* 57

China, *2. Oktober 1990* 57

Chinook Hubschrauber, *6. November 1986* 89

Dan-Air Boeing 727, *25. April 1980* 39

Detroit, *16. August 1987* 42

Deutschland
  siehe Flughafen München; Ramstein

Eastern Airlines Boeing 727, *24. Juni 1975* 8, 69

El-Al Boeing 747, *4. Oktober 1992* 9, 74, 93

Empire State Building, *28. Juli 1945* 46

England
  siehe Manchester; Staines

Entführung 8 ff.
  siehe auch Terrorismus

Ethiopian Airlines Boeing 767, *23. November 1996* 7, 10, 27

Flugschreiber 34

Formationsflug 56

Frecce Tricolori Kunstflugstaffel 56

Fujiama, *5. März 1966* 9, 68

Gander Internationaler Flughafen, *23. Dezember 1985* 73

Gewaltanwendung, gezielte
  siehe Militärische Aggression, Terrorismus

Grand Canyon, Arizona, USA, *30. Juni 1956* 48

Hindenburg (Luftschiff) 76 ff.

Hubschrauber 89

ILS (Instrumentenlandesystem) 32

Indien, *2. Mai 1953* 79 f.

Indischer Ozean, *23. November 1996* 7, 10, 27

Instrumentenlandesystem (ILS) 32

Iowa, *19. Juli 1989* 91

Iran Air Airbus A300, *3. Juli 1988* 20 f., 24

Iranisch-Irakischer Krieg 20

Irland, vor der Küste von, *23. Juni 1985* 7, 18 f.

Japan
  12. August 1985 85
  5. März 1966 9, 68

Japan Airlines Boeing 747, *12. August 1985* 85

Japanisches Meer, *1. September 1983* 15 ff.

JFK-Flughafen, *24. Juni 1975* 8, 69

Johor Baharu, *4. Dezember 1977* 14

Kanada, Neufundland, *23. Dezember 1985* 60, 73

Kanarische Inseln, *25. April 1980* 39 f.

Kanton, *2. Oktober 1990* 57

Kazakhstan Airlines Iljuschin IL-76, *12. November 1996* 44, 58 f.

KLM Boeing 747, *27. März 1977* 52 ff.

Kollisionen 44 ff.

Kolumbien, *27. November 1989* 25 f.

Kommunikation, Boden-Luft- 39, 43

Komoren, *23. November 1996* 10, 27

Korean Airlines Boeing 747, *1. September 1983* 15 ff.

Lakehurst, New Jersey, *6. Mai 1937* 76 ff.

Lauda-Air Boeing 767, *26. Mai 1991* 92

Leitsysteme, Flugzeug 9

Lockerbie, *21. Dezember 1988* 22 ff.

Long Island
  siehe New York

Los Angeles, *31. August 1986* 55

Los Rodeos Flughafen, *27. März 1977* 52 ff.

LOT Polish Airlines Iljuschin IL-62, *9. Mai 1987* 90

Luftschiffe
  4. April 1933 64 f.
  6. Mai 1937 76 ff.
  5. Oktober 1930 62 f.

Madagaskar (Komoren), *23. November 1996* 10, 27

Malaysia, *4. Dezember 1977* 14

Malaysian Airlines Boeing 737, *4. Dezember 1977* 14

Manchester Internationaler Flughafen, *22. August 1985* 86 f.

Manchester United Football Club 66 f.

Maravatio, *31. März 1986* 88

Mexicana Boeing Advanced 727, *31. März 1986* 88

Mexiko, *31. März 1986* 88

Microburst 69, 71

Militärische Aggression 8, 10
  durch Sowjetflugzeug 15 ff.
  im Iranisch-irakischen Krieg 20 f.

Mittelmeer, *12. Oktober 1967* 12

Münchener Flughafen, *6. Februar 1958* 66 f.

National Transport Safety Board (NTSB) 95

Neufundland, *23. Dezember 1985* 73

New Jersey, *6. Mai 1937* 76 ff.
  vor der Küste von, *4. April 1933* 64 f.

New Orleans, *9. Juli 1982* 71 f.

New York
  Brooklyn, *16. Dezember 1960* 50 f.
  East River, *3. Februar 1959* 31 f.
  Empire State Building, *28. Juli 1945* 46
  Long Island, *17. Juli 1996* 94 f.
  nahe JFK-Flughafen, *24. Juni 1975* 8, 69

Niederlande, *4. Oktober 1992* 9, 74, 93

Northwest Airlines McDonnell Douglas DC-9, *16. August 1987* 42

NTSB (National Transport Safety Board) 95

O'Hare-Flughafen, *25. Mai 1979* 83 f.

Okecie Flughafen, *9. Mai 1987* 90

Osutaka, *12. August 1985* 85

PanAm Boeing 727, *9. Juli 1982* 71 f.

PanAm Boeing 747
  21. Dezember 1988 22 ff.
  27. März 1977 52 ff.

Paris, *3. März 1974* 6, 81 f.

Persischer Golf, *3. Juli 1988* 20 f.

Pilotenfehler 9, 30 ff., 53

Piper Archer Eindecker, *31. August 1986* 55

Polen, *9. Mai 1987* 90

Polskie Linie Lotnieze Iljuschin IL-62, *9. Mai 1987* 90

Potomac, *13. Januar 1982* 70

Puerto Plata, *6. Februar 1996* 43

R101 Luftschiff, *5. Oktober 1930* 62 f.

Raketen, Boden-Luft-, getroffen von 20 f.

Ramstein, *28. August 1988* 56

Riad, *19. Februar 1980* 41

Rossinsel, *28. November 1979* 37 f.

Rußland, *18. Mai 1973* 13

Sachalin, *1. September 1983* 15 ff.

Saudi Boeing 747, *12. November 1996* 44, 58 f.

Saudi Lockheed Tristar, *19. Februar 1980* 41

Saudi-Arabien, *19. Februar 1980* 41

Schottland
  siehe Lockerbie, Shetland-Inseln

Schubumkehr, Flugzeug 92

Schwerwindmeßgerät 71

Shetland-Inseln, *6. November 1986* 89

Sibirien, *18. Mai 1973* 13

Sicherheit, Flugzeug 9, 34

Sikh-Extremisten 18

Sioux City Flughafen, *19. Juli 1989* 91

Spantax Coronado, *3. Dezember 1972* 35

Staines, *18. Juni 1972* 28, 33 f.

Stickshaker 34, 43

Sukhoi Su-15 Jagdflugzeuge 17

Sumburgh Flughafen, *6. November 1986* 89

Suphan Buri, *26. Mai 1991* 92

Teneriffa
  25. April 1980 39 f.
  3. Dezember 1972 35 f.
  27. März 1977 44, 52 ff.

Terrorismus 10, 12, 13, 18 f., 22 ff., 57

Thailand, *26. Mai 1991* 92

Trägheitsnaviagationssysteme 38

Turkish Airlines McDonnell Douglas DC-10, *3. März 1974* 6, 81 f.

TWA Boeing 747, *17. Juni 1996* 94 f.

TWA Lockheed Super Constellation
  16. Dezember 1960 50 f.
  30. Juni 1956 48 f.

United Airlines McDonnell Douglas DC-7, *30. Juni 1956* 48 f.

United Airlines McDonnell Douglas DC-8, *16. Dezember 1960* 50 f.

USA
  siehe Chicago; Iowa; Los Angeles; New Jersey; New Orleans; New York; Washington

Versagen, menschliches 9, 30 ff., 53

Versagen, technisches 74 ff.

Vincennes, USS 20 f.

Wales, *12. März 1950* 30

Washington, *13. Januar 1982* 70

Westbengalen, *2. Mai 1953* 79 f.

Wetter 9, 60 ff.

Xiamen Airlines Boeing Advanced 737, *2. Oktober 1990* 57